Quelle famille !

Francis JOFFO

Editions ART ET COMEDIE
2, rue des Tanneries
75013 PARIS

QUELLE FAMILLE !

Pièce créée au Théâtre Fontaine en Octobre 1988

PERSONNAGES

Micheline Dax	**Denise**
Evelyne Dassas	**Michèle**
Patrick Préjean	**Bernard**
Christian Alers	**Superpapy**
Jacq Dynam	**Raymond**
Raphaële Mouthier	**Annie**
Jean-Pierre Malignon	**Franck**

Acte 1

La scène est vide quand le rideau se lève.
La sonnerie de la porte d'entrée retentit.
La porte de la cuisine s'ouvre.
Entre Michèle, très jolie femme de quarante ans. Elle va ouvrir;
et se trouve en face de sa mère, une valise à la main.

MICHÈLE - Encore !

DENISE - Ah non… Je t'en prie… évite-moi ce genre de réflexion, je suis assez malheureuse comme ça…

MICHÈLE - Mais que s'est-il encore passé ?

DENISE - Devine…

MICHÈLE - Comment veux-tu que je devine. Vous n'avez jamais eu deux motifs de dispute qui se ressemblent. Je suis sûre que cette fois-ci…

DENISE - Cette fois-ci, c'est grave Michèle… très grave.

MICHÈLE - Mais tu dis ça à chaque fois, Maman.

DENISE - Eh bien cette fois-ci, c'est plus grave que d'habitude. Quand tu sauras…

MICHÈLE - Eh bien raconte…

Denise - Pas tout de suite… J'ai besoin de me remettre… Donne-moi quelque chose à boire.

Michèle - Bon d'accord. *(Elle va chercher verre et bouteille.)* Naturellement, tu dors ici ?

Denise - Où veux-tu que je dorme… à l'hôtel ?

Michèle - Mais non… seulement la dernière fois, à peine étais-tu installée, le téléphone a sonné, c'était Papa qui te suppliait de revenir, ce que tu as fait immédiatement, en oubliant ta valise qu'il a fallu que je te rapporte…

Denise - Tu n'as eu que la rue à traverser, ce n'est pas le bout du Inonde !

Michèle - Non… bien sûr, mais avant de préparer ton lit, j'aimerais mieux attendre qu'il appelle, parce que si tu dois te sauver aussi vite que la dernière fois…

Denise - La dernière fois, il m'avait fait croire qu'il venait d'avoir une crise cardiaque… qu'il ne pouvait plus respirer… Bref, il agonisait ! Quand je suis arrivée, il était en pleine forme et très content de m'avoir fichu la frousse… Comme j'allais repartir, il m'a fait son grand numéro de channe, m'a demandé pardon à genoux en me jurant que c'était la dernière fois, que plus jamais… Enfin, il m'a eue une fois de plus, mais cette fois-ci… fini, terminé, il ne m'aura plus. Je refuse de lui parler et je ne veux même plus entendre le son de sa voix.

Michèle - Ah bon. Et qu'est-ce que je vais lui répondre, moi, quand il me dira, comme d'habitude : "Passe-moi ta mère ?".

Denise - Tu répondras que je ne suis pas là, tu n'es au courant de rien, et tu ne sais pas où je me trouve… voilà.

Michèle - Tu sais très bien qu'il ne me croira pas…

DENISE - Et pourquoi il ne te croirait pas ?

MICHÈLE - Enfin maman… Je n'ai jamais compté… ou plutôt, j'ai renoncé à compter, mais c'est peut-être aujourd'hui la vingtième fois que tu quittes le domicile conjugal.

DENISE - Vingt-deux !

MICHÈLE - Tu vois… et chaque fois c'est ici que tu te réfugies et nulle part ailleurs… alors comment veux-tu qu'il me croie quand je lui dirai que tu n'es pas là ?

DENISE - Qu'il te croie ou non, ça n'a aucune importance. Je ne suis pas là, point final. *(Le téléphone sonne.)* C'est lui… Je le reconnais… N'oublie pas. Je ne suis pas là.

MICHÈLE *(elle décroche)* - Allô… Oui… Ah bonjour Monsieur Martin… Oui, j'ai appelé votre femme ce matin… C'est ça oui… Oh non, ce n'est pas très grave, ça peut attendre jusqu'à demain… Onze heures… Ça me va très bien… Je serai là… A demain Monsieur Martin… Merci beaucoup.

DENISE - Tu es malade ?

MICHÈLE - Mais non, pourquoi ?

DENISE - Tu viens de dire au Docteur Martin que ce n'était pas très grave et que ça pouvait attendre jusqu'à demain…

MICHÈLE - Ah, mais non, ce n'était pas le Docteur Martin. C'est un plombier que j'ai trouvé il y a deux mois et qui s'appelle aussi Martin. J'ai un petit problème de baignoire… il est déjà venu deux fois…

DENISE - Un bon Plombier ?

MICHÈLE - Ah oui…

DENISE - Et il est déjà venu ici deux fois ?

7

MICHÈLE - Mais oui…

DENISE - Il est amoureux de toi.

MICHÈLE - Mais non, qu'est-ce que tu vas encore imaginer…!!

DENISE - Ma petite fille, toutes les femmes, même les femmes de plombier, cherchent un plombier. Et quand par miracle elles en trouvent un, ou il est mauvais, ou il est malade ou il n'a pas le temps de se déplacer. Alors si le tien est bon et qu'il s'est déjà déplacé deux fois, c'est qu'il est amoureux de toi. Je plains sa femme aussi à celui-là. Tu yeux que je te dise : "Les hommes, tous des salauds".

MICHÈLE - Ecoute Maman, ce n'est pas parce que tu es en colère contre Papa…

DENISE - En colère! Où as-tu pris que j'étais en colère… Je ne suis pas en colère, je suis folle de rage… Alors, tu m'as bien comprise… Je ne suis pas là et tu ne sais même pas où je me trouve…

MICHÈLE - Je te répète qu'il ne me croira pas, il voudra que je le jure sur la tête de ma fille…

DENISE - Tu refuseras. D'ailleurs, je t'ai toujours interdit de jurer sur la tête de ta fille… J'ai horreur de ça… Au fait, comment va-t-elle?

MICHÈLE - Très bien…

DENISE - Et son mari?

MICHÈLE - Très bien aussi. Ils ne vous ont pas écrit?

DENISE - Si. Nous avons reçu une petite carte, il y a deux jours : "Temps superbe, la neige est bonne, on pense à vous".

MICHÈLE - Eh bien, tu vois…

DENISE - Non, justement, je ne vois rien. Ce n'est pas parce qu'il y a du soleil et que la neige est bonne que tout va bien…

Michèle - Mais tout va bien Maman... Arrête de te faire du souci pour eux; Ils sont mariés maintenant.

Denise - Depuis quinze jours, je sais. Eh bien je n'ai pas encore réussi à m'y faire... Se marier à dix-huit ans, alors qu'elle n'a pas encore terminé ses études... Je ne comprends pas comment vous avez pu accepter ça!

Michèle - Ah non! Arrête Maman! Tu ne vas pas recommencer! Tu sais très bien que Bernard et moi pensons comme vous... et que si nous avons cédé...

Denise - Oui, oui, je sais, les cris, les larmes, le chantage au suicide... N'empêche que si j'avais été sa mère...

Michèle - Tu aurais fait comme nous. Et puis tu oublies que je me suis mariée au même âge qu'elle...

Denise - Je te demande pardon! Tu avais deux ans de plus.

Michèle - Quelle différence?

Denise - Sept cent trente jours!

Michèle - Quoi?

Denise - Je dis que deux ans de plus, ça fait sept cent trente jours de plus pour réfléchir... Il s'en passe des choses en sept cent trente jours...

Michèle - Pas pour moi... J'ai rencontré Bernard à dix-huit ans, et sept cent trente jours après, je l'ai épousé...

Denise - Mais, vous étiez logés vous... Eux, ils habitent toujours ici...

Michèle - Plus pour longtemps. Dans trois mois, leur appartement sera prêt. C'est quand même pas de leur faute si l'architecte...

DENISE - Etait un escroc... Je sais... Je leur avais pourtant dit de ne pas acheter sur plan... Ils ne m'ont pas écoutée. Comme d'habitude...

MICHÈLE - S'ils t'avaient écoutée, ils ne se seraient pas mariés...

DENISE - Et ils n'en seraient pas plus malheureux.

MICHÈLE - Mais pour l'instant, ils sont très heureux, Maman, et c'est la seule chose qui compte.

DENISE - Admettons... On verra quand ils auront fini de glisser...

MICHÈLE - De glisser !

DENISE - Sur leurs skis.

MICHÈLE - Ah oui, eh bien je suis d'accord avec toi. Laissons-les glisser...

DENISE - Je n'ai d'ailleurs jamais compris quelle joie on pouvait éprouver à marcher sur ces bouts de bois.

MICHÈLE - Mais, c'est un sport, Maman...

DENISE - Ah bon ! Faire la queue pendant deux heures, en plein froid, avant de monter dans une benne où il n'y a même pas de première, qui met une heure pour vous faire accéder sur un rocher où il n'y a même pas un salon de thé et redescendre en deux minutes, pour refaire la queue à l'endroit même que l'on vient de quitter trois heures avant... tu appelles ça un sport toi ?

MICHÈLE - Mais oui Maman...

DENISE - Eh bien, je vous le laisse... J'ai d'autres sujets de préoccupations. Ah la la... Tu te rends compte de ce que ton père me fait ?... C'est pas épouvantable ça ?

10

Michèle - Mais tu ne m'as encore rien dit, Maman…

Denise - Ah oui, c'est vrai. Eh bien je vais te le dire. Mais donne-moi encore une minute, tu veux…

Michèle - D'accord. Pendant ce temps, je vais préparer ton lit dans le bureau de Bernard.

Denise - C'est ça… va donc. Au fait, je ne te dérange pas ?

Michèle - Tu ne me déranges pas du tout Maman. Je suis ennuyée que tu sois encore fâchée contre Papa, mais je suis ravie de te garder un jour ou deux.

Denise - Pourquoi un jour ou deux ?

Michèle - Mais, parce que vos brouilles ne durent jamais plus de vingt-quatre heures… Ou bien tu repars une heure après être arrivée comme la dernière fois… ou bien…

Denise - Je te répète que la dernière fois, il m'avait fait le chantage à la maladie…

Michèle - Oui. Je sais. Mais, la fois d'avant, qu'est-ce qu'il t'avait fait déjà, la fois d'avant ?

Denise - Tu ne te souviens pas ! Eh bien… tu as la mémoire courte ma petite fille…

Michèle - Je vais m'en souvenir… mais je risque de confondre avec encore une autre fois. Je ne tiens pas un livre de bord de vos querelles conjugales.

Denise - Ne te moque pas de moi, Michèle. C'est très grave ce qui m'arrive.

Michèle - Mais je ne moque pas de toi Maman. J'ai oublié l'origine de votre dernière rupture… c'est tout. Ah… ça y est… j'y suis… ce n'était pas à cause de cet ami qu'il avait retrouvé…!?

DENISE - Un ami… tu plaisantes… Un type qu'il avait perdu de vue depuis plus de vingt-cinq ans, je n'appelle pas ça un ami…

MICHÈLE - Et qu'il t'avait ramené à la maison… C'est bien ça ?

DENISE - Oui, tu te rends compte. Une espèce de clodo qu'il avait ramassé dans un bistrot et en qui il avait reconnu un ancien copain de l'école de police qui venait de se faire chasser de son hôtel, qu'il ne pouvait plus payer, après avoir été chassé de la police quelques mois plus tôt…

MICHÈLE - Et, comme tu n'as pas supporté la présence de ce Monsieur, tu es venue te réfugier ici le soir même.

DENISE - Non pas le soir même… Le soir même, j'ai supporté… J'ai supporté qu'il vide le frigo, qu'il boive trois bouteilles de bordeaux, qu'il dorme sur le canapé heu sur le canapé, qu'il brûle les draps dans la nuit et le matin qu'il renverse la cafetière sur la moquette… J'ai supporté… C'est quand ton père, m'a demandé si nous ne pouvions pas l'héberger une petite semaine que je n'ai plus supporté… j'ai fait ma valise, et j'ai attendu ici, qu'il règle le problème…

MICHÈLE - Et le lendemain, c'était réglé…

DENISE - Oui… Ton père, l'avait collé dans l'hôtel le plus proche, mais à nos frais; tu te rends compte…

MICHÈLE - C'est d'autant plus curieux, que papa est en général assez près de ses sous…

DENISE - Mais, ce type, l'avait complètement embobiné… Ton père, lui avait raconté sa vie, comment il était devenu Chef de la Sécurité à l'Elysée, ses voyages avec les différents Présidents, enfin tout, jusqu'à sa retraite… Et, l'autre hypocrite, lui avait mis dans la tête, d'écrire tout ça… Lui disant, que ça ferait un bouquin formidable et que ça se vendrait comme des petits pains…

MICHÈLE - C'était peut-être vrai...

DENISE - Mais non ! Ton père, m'a raconté cent fois sa vie... Il m'a même lu des notes qu'il avait prises au cours de ses différents voyages. Je t'assure qu'il n'y a pas là de quoi faire un best-seller... Et puis, pour écrire, il faut un style... ton père n'en a aucun. Heureusement, j'ai réussi à lui faire abandonner cette idée saugrenue...

MICHÈLE - Bon. Mais cette fois-ci...

DENISE - Cette fois-ci, c'est très grave Michèle, et j'ai décidé de ne plus jamais remettre les pieds à la maison. Je quitte ton père définitivement.

MICHÈLE - Quoi ! Qu'est-ce tu racontes ?

DENISE - La vérité.

MICHÈLE - Tu veux dire que tu t'installes ici définitivement ?

DENISE - Mais non... ne commence pas à t'affoler. Laisse-moi juste le temps de me retourner... de trouver un appartement.

MICHÈLE - Mais tu perds la tête, Maman. On ne trouve pas un appartement convenable dans Paris aussi facilement... Aujourd'hui, plus personne ne veut louer.

DENISE - Qui te parle de louer ? Je ne veux pas louer : je veux acheter.

MICHÈLE - Acheter ? Tu as l'argent ?

DENISE - Pas encore... Mais dès que le divorce sera prononcé...

MICHÈLE - Le divorce !! Ne me dis pas que tu veux divorcer !!!

DENISE - Si... et le plus vite possible...

MICHÈLE - A ton âge !!!

13

DENISE - Pourquoi ? Il y a un âge limite pour divorcer ?

MICHÈLE - Non… mais…

DENISE - Il y a une loi qui empêche de divorcer après un certain âge ?

MICHÈLE - Mais non… mais…

DENISE - Alors… qu'est-ce qui m'en empêcherait ?

MICHÈLE - Mais enfin Maman… réfléchis… tu as passé la moitié de ta vie auprès de Papa…

DENISE - Justement, un quart sans lui, la moitié avec lui, je ne veux pas rater le dernier quart…

MICHÈLE *(sidérée)* - Tu parles sérieusement ?

DENISE - Bien sûr. Dès demain matin, je vais voir mon avocat… J'ai déjà pris rendez-vous.

MICHÈLE - Et papa ! Tu as pensé à ce qu'il allait devenir…!?

DENISE - Alors là… rassure-toi ma petite fille… ton père ne sera ni seul, ni malheureux, ni abandonné…

MICHÈLE - Qu'est-ce que tu en sais ?

DENISE - Je le sais parce que c'est la raison pour laquelle j'ai fait ma valise, figure-toi ! Ton père a une maîtresse.

MICHÈLE - Papa !!

DENISE - Parfaitement.

MICHÈLE - Mais ce n'est pas possible !!!

DENISE - Malheureusement si ! J'ai les preuves.

MICHÈLE - Les preuves ! Tu as fait une enquête ?

DENISE - Je n'ai pas eu besoin de faire une enquête.

MICHÈLE - C'est lui qui te l'a avoué?

DENISE - Ça... J'aurais préféré tu vois... Ça m'aurait fait mal, bien sûr, et je ne sais pas comment j'aurais réagi, mais au moins ça aurait été courageux de sa part... J'aurais essayé de comprendre... Mais là... de découvrir brutalement que je vis à côté d'un monsieur qui a quelqu'un d'autre dans sa vie, et qui me ment depuis des années!...

MICHÈLE - Ça dure depuis des années?

DENISE - Avec celle-là, je ne sais pas. Mais puisqu'il y a celle-là... il y en a certainement eu d'autres... et moi qui l'ai toujours cru fidèle, ce qui fait que je l'ai été moi-même... et pourtant ce ne sont pas les occasions qui m'ont manqué, tu peux me croire... Ah non... c'est horrible... Découvrir qu'on s'est trompé... Toute une vie basée sur le mensonge... Tout s'écroule, ma petite Michèle... tout... Redonne-moi à boire...

MICHÈLE - Tu ne crois pas que tu as assez bu comme ça, Maman?

DENISE - Non... J'en ai besoin... ça me fera du bien...

MICHÈLE - Ça va te faire du mal oui... et c'est pas une solution. Tiens, voilà Bernard...

(On entend une clef tournée dans la porte.)

DENISE - J'aimerais bien savoir comment tu réagirais, toi, si tu apprenais que ton mari te trompait!!!

MICHÈLE - J'y penserai le jour où ça m'arrivera, mais je ne crois pas que j'irai noyer mon chagrin dans l'alcool.

(Bernard entre.)

BERNARD - Tiens vous êtes là Mamy... Bonsoir... Bonsoir ma chérie...

MICHÈLE - Bonsoir… *(Elle l'embrasse.)*

BERNARD - Qui est-ce qui parle de noyer son chagrin dans l'alcool ?

MICHÈLE - Maman… elle en est à son deuxième Whisky… et j'aimerais bien qu'elle arrête.

BERNARD - Qu'est-ce qui se passe Mamy ? On vous a fait du chagrin ? Dites-moi qui, que j'aille lui tirer les oreilles…!

MICHÈLE - Bernard… sois gentil… Ce n'est pas le moment de plaisanter. *(Elle lui montre la valise.)*

BERNARD - Oh pardon… Je n'avais pas vu… Alors c'est reparti…!?

MICHÈLE - Bernard !

BERNARD - Qu'est-ce qu'il y a ? On ne peut plus plaisanter ?

MICHÈLE - Aujourd'hui, il vaudrait mieux éviter…

> *(Le téléphone sonne… Michèle décroche.)*

DENISE - Si c'est ton père, n'oublie pas…

MICHÈLE - Mais oui… J'ai compris…

DENISE *(à Bernard)* - Si c'est encore le plombier, tant pis pour vous.

BERNARD - Pardon ?

DENISE - Rien… Je me comprends…

MICHÈLE - Allô… Oui… C'est moi… Ah mais non… aucun problème… je ne bouge pas de la matinée… A demain Monsieur Martin.

DENISE - C'était le plombier ?

MICHÈLE - Oui…

DENISE - J'en étais sûre… Qu'est-ce qu'il voulait ?

MICHÈLE - Ça l'arrange de venir une heure plus tôt demain matin...

DENISE *(à Bernard)* - Voilà... Bien fait... Ça vous apprendra à vous moquer de moi... *(A Michèle.)* Je te l'avais dit : "Tous des salauds".

BERNARD - Je ne sais pas si c'est parce que j'ai eu une journée épuisante, mais j'ai du mal à suivre votre conversation... Je peux savoir ce qui se passe ?

MICHÈLE *(lui remontrant la valise)* - Tu n'as pas encore compris ?

BERNARD - Ah si... très bien... il est rare qu'un trimestre s'écoule sans que je vois apparaître cette ravissante valise, mais chaque fois qu'elle arrive, on me fait l'honneur de m'expliquer pourquoi elle revient... Je n'ai même pas le temps de poser la question... Et cette fois-ci... ça traîne.

MICHÈLE - Eh bien dis-le-lui... Maman...

DENISE - Cette fois-ci c'est grave mon petit Bernard...

BERNARD - Vous dites ça à chaque fois Mamy !

DENISE - Eh bien, cette fois, c'est plus grave que d'habitude.

BERNARD - Plus grave que le jour où il avait cru avoir un tuyau formidable et où il a perdu trois millions aux courses...?

DENISE - Oh oui... Si ce n'était que ça !...

BERNARD - Oh la la... Qu'est-ce qu'il a bien pu faire... Il n'a quand même pas attaqué un fourgon blindé ?

DENISE - J'aurais mieux aimé. Comme ça il serait derrière les barreaux et ça lui ôterait le goût de faire des galipettes pendant quelque temps...

BERNARD - Papy fait des galipettes ?

DENISE - Parfaitement.

BERNARD - A son âge, c'est pas très raisonnable…

DENISE - C'est ignoble, vous voulez dire…

BERNARD - Ignoble ! Pourquoi ignoble ?

DENISE - Vous ne trouvez pas ça ignoble !… après quarante ans de mariage !…

BERNARD - Je trouve le mot un peu fort. Ça peut-être dangereux s'il ne fait pas ça modérément, mais si vous le persuadez de prendre quelques précautions, je ne vois pas où est le drame…

DENISE - Alors là… Je ne vous trouve pas drôle du tout, mon petit Bernard.

MICHÈLE - Moi non plus, tes plaisanteries sont d'un goût douteux…

BERNARD - Mais, je ne cherche pas à être drôle, ni à plaisanter… On ne doit pas être branchés sur la même longueur d'ondes là !! Vous ne croyez pas ?

MICHÈLE - Qu'est-ce que tu as compris ?

BERNARD - Qu'il s'était inscrit à un cours de gym tonic ou quelque chose comme ça… C'est pas ça ?

MICHÈLE - Non… C'est pas ça…

DENISE - C'est pas ça… mais c'est pas loin…

BERNARD - Ah, vous voyez… Ça pouvait être ça… et je me souviens de votre grande colère, il y a six mois, Mamy, quand Raymond s'était inscrit dans un aéro-club. Au lieu de décoller face au vent, il avait décollé face à la cantine !!!

DENISE - Ah oui… au bout de trois leçons, il avait prétendu pouvoir décoller tout seul…

BERNARD - Mais il a décollé…

DENISE - Oui… c'est après, que ça s'est gâté… Mais, il a quand même laissé un souvenir impérissable dans l'aviation civile… Etre le seul pilote capable d'exécuter un looping à deux mètres cinquante du sol avant de s'écraser, fallait le faire…!

BERNARD - Bon… Alors, cette fois-ci, qu'est-ce qu'il a fait?

DENISE - Dis-le-lui Michèle… Moi je ne peux pas…

MICHÈLE - Maman pense que Papa la trompe…

BERNARD - Quoi?

DENISE - Parfaitement… Et je ne le pense pas, j'en suis sûre… J'ai la preuve, je te dis…

BERNARD - Et qu'est-ce que c'est que cette preuve?

DENISE - Je vous raconterai ça tout à l'heure au restaurant…

BERNARD - Ah… parce que nous allons au restaurant?

DENISE - Oui… Ce soir j'ai décidé de faire la fête… Et pour me faire pardonner de vous ennuyer avec ma vie privée, j'ai réservé une table à la Tour d'Argent. Je vous invite… Ça vous va?

BERNARD - Ah oui… Je pense bien que ça me va… Depuis le temps que j'en entends parler de leur canard à l'orange, ma curiosité va enfin être satisfaite.

DENISE - Parfait… Et bien, le temps de mettre une autre robe et je suis à vous dans cinq minutes…

BERNARD - Ah bon… On part tout de suite…

DENISE - J'aimerais mieux ne pas trop traîner, Raymond avait rendez-vous chez son dentiste à dix-huit heures. C'est à cinq minutes d'ici. Dans une demi-heure exactement il sera à la maison... parce que s'il a une qualité incontestable c'est bien l'exactitude; jamais il ne m'a fait attendre, ne serait-ce que cinq minutes. Il a toujours été merveilleux... Mais qu'est-ce que je raconte moi! je deviens folle... il aurait mieux valu qu'il soit un peu moins exact et un peu plus fidèle! Partons vite mes enfants, avant qu'il ne trouve ma lettre.

MICHÈLE - Ta lettre?

DENISE - Oui... Comme d'habitude, avant de partir, je lui ai laissé un petit mot bien en évidence sur son bureau... Alors, partons avant qu'il ne rentre.

BERNARD *(se lève en disant)* - Bon... Je vais me changer.

DENISE - Sinon vous savez très bien ce qui va se passer?

BERNARD - Ah oui... Très bien... il va appeler... vous allez refuser de lui répondre, il va traverser la rue, sonner ici et vous vous enfermerez dans mon bureau... Après une heure de discussions à travers la porte, il nous priera de bien vouloir l'excuser et repartira tristement se coucher, tout en sachant pertinemment que vous regagnerez le domicile conjugal le lendemain matin ou le lendemain soir au plus tard...

DENISE - Pas cette fois-ci, je vous en donne ma parole...

BERNARD - Ecoutez mamy... je ne sais pas ce que Raymond a vraiment fait... mais ce dont je suis sûr... c'est qu'il vous adore... hein... Michèle...

MICHÈLE - Bien sûr... enfin, Maman, tu sais très bien qu'il ne peut se passer de toi...

DENISE - Il ne peut pas se passer de moi, parce qu'il ne sait jamais où sont passées ses affaires… Mais ça va changer pour lui… parce que, ça m'étonnerait beaucoup que sa petite amie accepte de lui servir de femme de ménage. Il va falloir qu'il prenne sont petit panier et qu'il aille faire ses courses… Faire les courses c'est pas la vie rêvée… pour un cavaleur… Allez… à tout de suite…

(Sortie porte bureau.)

BERNARD *(à Michèle)* - Et bien… tu en fais une tête. Tu n'es pas contente d'aller à la Tour d'Argent?

MICHÈLE - Je suis inquiète Bernard…

BERNARD - Pourquoi? On ne mange pas bien là-bas?

MICHÈLE - Je te parle de maman. Cette fois-ci ça a l'air sérieux…

BERNARD - Mais non… Pas plus que d'habitude… Demain soir, elle sera chez elle…

MICHÈLE - Je ne crois pas… elle m'a dit qu'elle voulait divorcer… tu te tends compte!!!

BERNARD - Divorcer! A son âge… mais elle est folle…

MICHÈLE - C'est ce que je lui ai dit… Mais, elle a l'air vraiment décidée… et puis tu l'as entendue, elle dit qu'elle a des preuves…

BERNARD - Ce qu'elle appelle des preuves ne sont peut-être que de vagues soupçons…

MICHÈLE - Je l'espère… parce que si papa ne lui prouve pas d'une façon irréfutable qu'il n'a pas d'autre femme dans sa vie, elle n'est pas prête de retourner chez elle.

BERNARD - De toutes façons, elle ne peut pas rester ici très longtemps… les enfants reviennent dans deux jours, et je n'aime pas trop qu'elle occupe mon bureau…

MICHÈLE - Pourquoi tu as quelque chose à cacher…!?

BERNARD - Mais non, ne dis pas de bêtises, tu veux… Mais tu sais bien que j'aime travailler tard le soir… et avec elle…

MICHÈLE - Oui… et bien sois gentil de ne pas le lui faire sentir… Laissons passer le week-end, les choses vont peut-être s'arranger…

BERNARD - Promis mon amour… Je vais la dorloter ta maman… ne t'inquiète pas…

MICHÈLE - Je n'arrive pas à imaginer que mon père puisse avoir une maîtresse ! Et toi ?

BERNARD - Tu sais… Il est à la retraite depuis bientôt trois ans… Il s'ennuie peut-être… quand on a eu une vie aussi active que la sienne…

MICHÈLE - Ah bon… quand on a été pendant trente ans le Chef de la Sécurité à l'Elysée, on doit obligatoirement prendre une maîtresse en prenant sa retraite…

BERNARD - Mais non… mais pendant trente ans, il a accompagné tous les Présidents dans leurs déplacements… il a fait plus de dix fois le tour du monde… il a dû certainement avoir quelques aventures… et depuis trois ans ça doit lui manquer un peu… enfin, j'imagine…

MICHÈLE - Tu as déjà fait le tour du monde, toi chéri ?

BERNARD - Non… mais j'aimerais bien…

MICHÈLE - Et bien c'est pas demain la veille…

BERNARD - Bon… Ecoute… Ça ne sert à rien de parler de ça… Mieux vaut attendre… Allez va t'habiller, tout va s'arranger, comme d'habitude tu vas voir…

MICHÈLE - J'espère, parce que s'il y a quelque chose, je connais Maman… avec son caractère… et, je la comprends… si j'étais à sa place, j'agirais comme elle…

BERNARD - Ah bon… tu me quitterais, si je te trompais, ma chérie?

MICHÈLE - Oh non… Je t'aime trop pour faire ça, je ne pourrais pas…

BERNARD - Et bien tu vois… tu n'es pas comme elle…

MICHÈLE - C'est vrai… Moi, je te tuerais mon amour… A tout de suite… *(Elle entre dans sa chambre…)*

BERNARD - Bon… Maintenant, j'ai le temps de me servir un petit whisky. *(On sonne à la porte.)* Et voilà… C'est Raymond. Ça va pas être la Tour d'Argent. Ça va être la Tour Infernale… Un bon couscous en boîte et des cauchemars toute la nuit… *(Il ouvre la porte.)* Entrez Raymond…

(Mais c'est Papy qui entre, une valise à la main.)

PAPY - Bonsoir, mon petit Bernard… Ça va bien?

BERNARD - Papy! Eh bien… pour une surprise…! !!

PAPY - N'est-ce pas?… C'est qu'on ne me voit pas souvent à Paris, moi!

BERNARD - Vous voulez dire qu'on ne vous y voit jamais… La dernière fois, ça remonte à…

PAPY - C'était il y a vingt ans… pour votre mariage…

BERNARD - Eh oui… heureusement que nous, nous venons vous voir de temps en temps…

PAPY - Pas si souvent que ça! Ça va bientôt faire un an que vous n'êtes pas venus. Michèle et vous, c'est pas gentil ça!!

BERNARD - Ah… vous savez ce que c'est Papy… les affaires… le manque de temps…

PAPY - C'est des mauvais prétextes tout ça! La Nièvre, c'est pas le bout du monde quand même !… Vous pourriez venir en week-end, non ?

BERNARD - Vous avez raison… On va faire un effort.

PAPY - Ah non par exemple ! Si vous devez faire des efforts pour venir nous voir, restez chez vous !

BERNARD - Ce n'est pas ce que j'ai voulu dire, Papy…

PAPY - Peut-être, mais c'est ce que j'ai entendu…

BERNARD - Je suis désolé… mais asseyez-vous… vous devez être fatigué.

PAPY - Moi ? fatigué ! Vous plaisantez ! Ce sont les jeunes qui sont fatigués aujourd'hui. Ils sont fatigués de tout, même de vivre… Ah la la… Ça va vous ? Pas fatigué ?

BERNARD - Ah non… pas du tout… Ça va très bien.

PAPY - Eh ben, vous êtes une exception… et ma petite fille, ça va aussi ?

BERNARD - Michèle ? Mais oui… très bien… vous allez la voir… nous allions sortir… elle se prépare. *(Il lui désigne la chambre.)*

PAPY - Ah bon… Je vous dérange alors…

BERNARD - Mais pas du tout.

PAPY - Mais si… je vous dérange. Mais rassurez-vous, je ne vais pas vous embêter longtemps. J'attendrai sur le palier…

BERNARD - Sur le palier ?

PAPY - Pas sur le vôtre… sur celui de ma fille. Ça fait une demi-heure que je suis devant sa porte. J'en ai eu assez d'attendre, alors j'ai traversé la rue… voilà.

BERNARD - C'est gentil.

PAPY - Mais non… c'est normal. Ma fille n'est pas là, je viens embrasser ma petite-fille, ça m'évitera de le faire demain matin.

BERNARD - Ah… parce que vous êtes à Paris pour quelque temps ?

PAPY - Je sors du train… Vous ne pensez tout de même pas que je vais retourner dans la Nièvre ce soir ?

BERNARD - Non. Bien sûr.

PAPY - Au fait… Vous savez peut-être où elle est ?

BERNARD - La Nièvre…!? mais oui.

PAPY - Mais non, ma fille ?

BERNARD - Votre… Ah… mais oui… bien sûr que je le sais…

PAPY - Eh bien, dites-le !

BERNARD - Eh bien… elle est ici… justement…

PAPY - Ici ?

BERNARD - Mais oui.

PAPY - Mais vous ne pouviez pas le dire tout de suite ?…

BERNARD - Mais vous venez juste de me le demander…

PAPY - Et où est-elle ? Avec sa fille ?

BERNARD - Qui… enfin… pas vraiment.

PAPY - Comment pas vraiment ? Elles sont là où elles n'y sont pas ?

BERNARD - Elles sont là… mais pas ensemble. Michèle est dans sa chambre… et votre fille est là… dans mon bureau… elle se donne un petit coup de peigne.

PAPY - Dans votre bureau ?

BERNARD - Qui… elle vient dîner avec nous, alors…

PAPY - Ah bon… Et Raymond aussi ?

BERNARD - Ah… non… pas Raymond… enfin… pas ce soir…

PAPY - Un coup de peigne dans votre bureau !! C'est curieux ça… Elle n'a pas la place chez elle ?

BERNARD - Si… bien sûr… mais vous connaissez les femmes… au dernier moment, il faut qu'elles se donnent un coup de peigne.

PAPY - Ouais… Et ma petite fille aussi… elle se donne un coup de peigne ?

BERNARD - Voilà… vous avez deviné.

(Un temps.)

PAPY - C'est long !!!

BERNARD - Quoi ?

PAPY - Le coup de peigne !! Vous êtes sûr qu'elles en ont chacune un ?… parce que… c'est pas que je m'impatiente… mais…

BERNARD - Vous avez raison. Je vais les prévenir que vous êtes là.

PAPY - Voilà. Faites donc ça…

(La porte de la chambre où se trouve Michèle s'ouvre.)

BERNARD - Ah… tenez… en voilà déjà une !

MICHÈLE - Grand-père ! Ça alors !… si je m'attendais !!

PAPY - Tu m'attendais ?

MICHÈLE - Non. Pas du tout… justement…

PAPY - Ah bon… parce que j'ai prévenu personne… alors ça m'étonnait un peu. Eh bien… tu ne m'embrasses pas ?

MICHÈLE *(l'embrassant)* - Mais si bien sûr… Qu'est-ce que je suis contente de te voir. Bernard… tu as vu?… c'est Grand-père!

BERNARD - Ben oui… je ne suis pas aveugle! Je vais vous chercher l'autre…

PAPY - Non… attendez… J'aime mieux lui faire la surprise… Comme pour Michèle.

BERNARD - Bien. Je vous sers quelque chose Papy…

PAPY - Avec plaisir. Vous avez de la Vodka?

BERNARD - Ah non…

MICHÈLE - Mais si… Dans la cuisine, dans le réfrigérateur.

BERNARD - J'y vais…

PAPY - Eh… et du whisky. Vous en avez?

BERNARD - Ah oui… ça j'en ai ici…

PAPY - Et du jus d'orange?

BERNARD - J'en ai aussi…

PAPY - Bon alors, vous me préparez : trois quarts de vodka, un quart de whisky, deux cuillères à soupe de jus d'orange avec une rondelle de citron, le tout arrosé de poivre vert, et de paprika… Vous pouvez faire ça?

BERNARD - Oui… mais dans la cuisine, parce que, ici, je vais faire des trous dans la moquette… *(Il sort.)*

PAPY - Merci. *(A Michèle.)* C'est vrai que tu es contente de me voir?

MICHÈLE - Mais oui Grand-père! Tu le sais bien…

PAPY - Eh!! Il m'arrive d'en douter. Ça fait bientôt un an que je ne t'ai pas vue…

MICHÈLE - Mais Grand-père… tu sais ce que c'est…

PAPY - Oui… je sais… la vie… les affaires… on oublie les vieux…

MICHÈLE - Mais non…

PAPY - Mais si… c'est normal. Heureusement que ta mère vient un peu plus souvent… comme ça j'ai de tes nouvelles… Viens ici… là… assieds-toi… là que je te regarde un peu mieux… Ah… tu es toujours aussi belle… *(Il la fait s'asseoir à côté de lui sur le fauteuil, de façon à ce que Venise ne puisse pas le voir quand elle va entrer.)* Et ta fille? Parle-moi un peu de ta fille. Comment ça se passe son voyage de noces?

MICHÈLE - Elle ne t'a pas écrit?

PAPY - Si… j'ai reçu une petite carte. "Temps superbe… la neige est bonne… On pense à vous… " Avec ça!…

MICHÈLE - Eh bien, ça va très bien…

(La porte du bureau s'ouvre. Paraît Denise.)

DENISE - Voilà… je suis prête, on y va?

MICHÈLE - Maman… devine qui est là?

DENISE *(affolée)* - Ton père!!?

MICHÈLE - Non… le tien!!

DENISE - Quoi!! *(Elle découvre son père.)* Papa!… C'est pas vrai!… mais qu'est-ce que tu fais là?

PAPY - Qu'est-ce qu'il y a?… il est pas bien ce fauteuil? Tu veux que je me mette dans celui là… Voilà. *(Il change de place.)*

DENISE - Cesse de plaisanter, tu veux… Tu aurais pu me prévenir… Pourquoi viens-tu à l'improviste?

PAPY - Tu ne crois pas que tu pourrais m'embrasser avant de me poser des questions?

DENISE - Excuse-moi... Bonjour Papa... *(Elle l'embrasse.)* Tu vas bien? Tu n'es pas fatigué?

PAPY - Mais non! Qu'est-ce que vous avez tous à me demander toujours si je ne suis pas fatigué... hein?! Ça vous étonne que je sois en vie... c'est ça!

MICHÈLE - Grand-père, je t'interdis de dire des choses pareilles.

PAPY - Non mais... vous l'entendez la gamine qui veut m'interdire quelque chose! Personne n'a jamais réussi à m'interdire quoi que ce soit, ma petite fille, mets-toi bien ça dans la tête... et surtout pas de dire des bêtises quand j'en ai envie... Alors, c'est pas toi qui vas y arriver... *(A Denise.)* Eh ben... Pourquoi tu me regardes comme ça toi? Tu n'es pas contente de me voir?

DENISE - Mais si Papa, bien sûr...

PAPY - Eh ben... t'en as pas l'air...

DENISE - Mais... mets-toi à ma place Papa... tu n'es pas venu à Paris depuis au moins...

PAPY - Depuis vingt ans... pour le mariage de la gamine! *(Il montre Michèle.)*

DENISE - Alors... tu te rends compte... te voir, là... comme ça... d'un seul coup...

PAPY - Ah bon... il fallait que je vienne en plusieurs coups... pas facile ça... hein?! Ah, ah, ah, ah, ah L... Ta mère aurait voulu me voir arriver en pièces détachées.

DENISE - Pourquoi ne m'as-tu pas prévenue?

PAPY - Pas eu le temps. Je t'expliquerai plus tard... *(Il se lève,*

29

traverse le plateau en disant.) Mais qu'est-ce qu'il fait avec sa vodka! Il a été la chercher au Kremlin?

Michèle - Attends… Grand-père… Je vais voir… *(Elle sort, côté cuisine.)*

Denise - Et Maman! Où est Maman?

Papy - Ah!… ne me parle pas de ta mère s'il te plaît.

Denise - Elle n'est pas venue avec toi?

Papy - Manquerait plus que ça!!

Denise - Ne me dis pas tu l'as laissée toute seule à la maison…!?

Papy - Mais elle n'est pas toute seule… elle a les chiens et le fusil… Ne t'inquiète pas pour elle.

Denise - Mais enfin Papa… Tu ne l'as jamais laissée seule une seule journée depuis soixante ans.

Papy - Eh… bien… j'ai eu tort… J'aurais dû… Parce que ta mère, ma petite Denise, je commence à en avoir par dessus la tête!!

Denise - Il s'est passé quelque chose! Vous vous êtes disputés?

Papy - Pire que ça… Si tu savais…

Denise - Mais raconte… tu m'inquiètes Papa… Qu'est-ce qui se passe?

Papy - Plus tard, si tu veux bien… Pas devant les enfants. Ça ne les regarde pas…

Denise - Ils ne sont pas là, et puis ils ont l'âge de comprendre, tu sais.

Papy - Peut-être… mais ça me gêne. On parlera de tout ça demain matin.

Denise - Non. Tout de suite. J'ai le droit de savoir ce qui se passe chez mes parents !

Papy - Pour ce que tu y viens chez tes parents ! Ça fait bientôt trois mois que tu n'as pas mis les pieds à la maison !...

Denise - Mais tu sais bien que Raymond a horreur de voyager...

Papy - Et alors... tu ne peux pas venir toute seule !... Qu'est-ce que c'est que ce gendre qui m'empêche de voir ma fille ! A propos, où est-il ?

Denise - Chez son dentiste.

Papy - Ah bon... C'est pour ça que vous ne l'emmenez pas dîner avec vous... Il n'a plus assez de dents ?

Denise - Mais non... il avait envie d'être seul... Il a du courrier en retard...

Papy - Quelle époque ! Il ferait beau voir que ma femme ne soit pas là quand je reviens de chez le dentiste !... Enfin, ça vous regarde... eh bien, son courrier, il le fera plus tard.

Denise - Comment ça ?

Papy - Mais oui... Comme vous avez prévu de dîner tous les trois, allez-y... Moi je vais débaucher Raymond. Ça lui changera les idées à ce gamin !

Denise - J'aimerais mieux que tu viennes avec nous, Papa.

Papy - Et laisser Raymond tout seul ? Pas question !... On fera comme je dis. Tu n'as qu'à me donner les clefs, comme ça, je l'attendrai tranquillement, mais avant il faut que je passe à mon hôtel déposer ma valise.

Denise - Comment !! Tu n'avais pas prévu de dormir à la maison ?

PAPY - Non. Ta mère la sûrement téléphoner et je n'ai pas envie de lui parler, et puis si je suis venu à Paris en célibataire, c'est pour vivre en célibataire.

(Michèle entre portant la boisson qu'elle tend à Papy… elle est suivie par Bernard.)

MICHÈLE - Voilà Papy.

PAPY - Merci ma chérie… On ne sait jamais ce qui peut arriver. Imagine que je ne rentre pas seul ce soir!!

DENISE - Papa… tu n'as pas honte…

PAPY - Non… C'est quand je rentre seul que j'ai honte. Ah, ah, ah.

(Il boit… et il s'étrangle…)

BERNARD - C'est le poivre?

PAPY - Non… c'est le jus d'orange!!

DENISE - Mais tu as réservé un hôtel?

PAPY - Bien sûr. Le Lutétia. C'est à deux minutes. J'aurais pu y aller avant de venir, mais quand j'ai vu que le taxi passait devant chez vous, j'ai préféré m'arrêter. C'est pas grave… ma valise n'est pas lourde. Je peux bien la porter jusque là-bas.

BERNARD - Mais il n'en est pas question! Nous allons vous accompagner à votre hôtel… et vous ramener ici.

PAPY - Ça, je veux bien. Ça me permettra de bavarder avec ma fille un petit peu plus longtemps, d'avoir quelques nouvelles fraîches… parce qu'elle n'écrit pas souvent… .

DENISE - Mais je te téléphone deux fois par semaine Papa…

PAPY - C'est pas pareil… Le téléphone, j'ai horreur de ça… Et puis tu parles trop vite… Je ne comprends pas la moitié de ce que tu dis. En plus, j'ai ta mère qui tient l'écouteur et qui n'arrête pas de répéter "Qu'est-ce qu'elle dit? Mais qu'est-ce qu'elle dit?" Ce qui fait que je ne comprends plus rien du tout. Une lettre, c'est bien... On peut la lire, la relire... Ah... une jolie lettre ça me fait une bonne semaine.

DENISE - Mais tu dis toujours que tu ne comprends rien à mon écriture!!

PAPY - C'est vrai... mais tes lettres, je les fais déchiffrer par le pharmacien... Ah! Ah! Ah!

DENISE - Papa?

PAPY - Qu'est-ce qu'il y a?

DENISE - Pourquoi ne veux-tu pas que Maman puisse t'appeler? C'est si grave que ça?

PAPY - Mais non !... Tu m'embêtes... On parlera de tout ça demain, je te dis...

DENISE - ça... tu peux en être sûr... Demain matin, je viens te chercher à ton hôtel.

PAPY - Ah non... pas le matin... On peut déjeuner ensemble, si tu veux... mais le matin, je ne peux pas... J'ai un rendez-vous à dix heures.

DENISE - Tu n'as pas mis les pieds à Paris depuis vingt ans, et tu as un rendez-vous demain matin?

PAPY - Oui... avec mon avocat.

DENISE - Ton avocat?

PAPY - Ben oui... pourquoi? Je n'ai pas le droit de voir mon avocat?

Denise - Tu habites à 15 Km de Nevers et tu prends un avocat à Paris ?

Papy - A Nevers, je n'en connais qu'un de bon… mais ta mère l'a pris avant moi.

Denise - Maman a pris un avocat !!! Mais pour quoi faire ?

Papy - Ben… pour le divorce…

Denise - Tu ne veux pas dire que vous allez divorcer ?!…

Papy - Mais si… Pourquoi ? On n'a pas le droit ?

Denise - Mais enfin Papa… à votre âge !

Papy - Pourquoi ? Il y a un âge limite pour divorcer ?

Denise - Non… mais…

Papy - Il y a une loi qui empêche de divorcer après un certain âge ?

Denise - Mais non… mais…

Papy - Alors… qu'est-ce qui nous en empêcherait ?

Denise - Mais enfin… réfléchis un petit peu… Tu as passé plus de soixante ans auprès de Maman… c'est complètement fou !

Papy - Là, tu as raison !… Fallait être complètement fou pour rester si longtemps auprès d'elle. Je ne sais pas comment j'ai réussi à tenir le coup… mais c'est bien fini.

Denise - Et Maman ?

Papy - Ta mère ?

Denise - Oui. Tu as pensé à ce qu'elle allait devenir ?

Papy - Ne t'inquiète pas pour elle, elle aura largement de quoi vivre. Je lui laisse la moitié de tout ce que je possède et elle aura la maison pour elle toute seule.

34

DENISE - Ah bon… Et toi, où vas-tu habiter ?

PAPY - Je ne l'ai pas encore décidé. J'ai pensé acheter la maison des Voultières… Tu la connais ?

DENISE - Bien sûr que je la connais : elle est juste en face de la vôtre !!!

PAPY - C'est ce qui m'ennuie. J'ai peur que ce ne soit un peu trop près… Tu ne crois pas ?

DENISE - Tu veux vraiment que je te dise ce que je crois, Papa ?

PAPY - Non. Tais-toi. Je n'ai pas besoin de ton avis. Je suis assez grand pour savoir ce que j'ai à faire… et ta mère aussi… Alors, plus un mot là-dessus… au moins jusqu'à demain… Ah… une seconde… Bernard ?

BERNARD - Oui Papy… *(Il lui parle à l'oreille.)* Venez… je vais vous montrer. C'est par ici…

PAPY - Merci… A tout de suite, les filles !

(Ils sortent tous les deux.)

DENISE - Quelle histoire !… Non mais quelle histoire !!

MICHÈLE - Eh bien, tu vois l'effet que ça fait, Maman, d'avoir des parents qui divorcent ?

DENISE - Tu ne vas pas comparer ta situation avec la mienne… Ça n'aucun rapport !

MICHÈLE - Mais c'est exactement la même !!!

DENISE - Avec vingt ans de plus. Si tu trouves aberrant que je divorce à 58 ans, tu devrais trouver surréaliste que ton grand-père en fasse autant à 76…

MICHÈLE - Eh bien non. Tu vois, ça m'inquiète moins…

DENISE - Ah bon… Explique-toi.

MICHÈLE - C'est tellement énorme le divorce de Grand-père, que je suis sûre que ça va s'arranger. Demain, il aura sûrement changé d'avis. Tandis que toi… têtue et orgueilleuse comme tu es…

DENISE - Eh bien, tu connais mal ton grand-père. Pour lui ôter une idée de la tête… c'est pas une petite affaire… Je ne l'ai encore jamais vu revenir sur une décision ! Si Maman cède la première… peut-être… Mais si elle tient bon… il tiendra aussi. Parce que je suis peut-être têtue et orgueilleuse comme tu dis, mais c'est de lui que je tiens ça…

MICHÈLE - On verra…

DENISE - C'est tout vu, je te dis. Mais ce qui m'ennuie le plus, c'est que ce soit aujourd'hui qu'il vienne nous annoncer ça… Le jour où je quitte ton père… ça tombe mal…

MICHÈLE - Tu pourrais peut-être remettre cette décision à plus tard, tu ne crois pas ?

DENISE - Qu'est-ce que tu dis ?

MICHÈLE - Mais oui… Attendre que la situation de Grand-père soit éclaircie, et qu'il soit reparti.

DENISE - C'est ça ! Faire semblant de rien… sourire à ton père toute la journée, et continuer à m'occuper de lui comme avant… Impossible ! Maintenant que je sais ce que je sais… je ne pourrais pas me contenir…

MICHÈLE - Fais au moins l'effort jusqu'à demain…

DENISE - Ça changera quoi ?

MICHÈLE - D'abord, ça évitera peut-être que Grand-père soit au courant, ce qui simplifiera les choses…

DENISE - Il dort à l'hôtel. Il ne saura rien.

MICHÈLE - Parce que tu penses que lorsque Papa va trouver ta lettre, il ne va pas la lui montrer... mais c'est la première chose qu'il va faire ! Tu sais bien qu'ils s'entendent comme des larrons en foire tous les deux, et tu vas avoir Grand-père contre toi...

DENISE - Ah ça !... Il ferait beau voir que mon père se permette de me juger où de me critiquer en quoi que ce soit... alors qu'il est dans la même situation que moi... Ce serait un peu fort ! D'ailleurs, tu as raison : il faut que je lui dise tout avant qu'il ne voie Raymond... Comme ça, ce sera réglé.

(Papy revient avec Bernard.)

PAPY - Alors, vous êtes prêtes ? On peut partir ?

DENISE - Papa... il faut absolument que je te parle.

PAPY - Ah non... tu ne vas pas recommencer... Pas maintenant. Demain, je t'ai dit.

DENISE - Mais il ne s'agit pas de toi...

PAPY - Ah bon... De qui alors ?

DENISE - De moi. De moi... et de Raymond. Avant que tu ne le voies, il faut que tu saches quelque chose.

PAPY - Tu es sûre que ça ne peut pas attendre ?

DENISE - Mais non... c'est grave.

PAPY - Il est malade ?

DENISE - Mais non...

PAPY - Ah bon... Tu m'as fait peur... Parce que la santé, c'est la seule chose qui compte.

37

DENISE - Ça! pour avoir de la santé, il en a!! Crois-moi…
Non… il s'agit d'autre chose.

PAPY - Eh bien… Qu'est-ce que tu attends?… Parle!

DENISE - Eh bien voilà… Ça me gêne un peu de te dire ça…
mais, Raymond…

PAPY - Tais-toi… j'ai compris… tu peux économiser ta salive…
Combien?

DENISE - Combien quoi?

PAPY - De combien a-t-il encore besoin?

DENISE - Je ne comprends rien à ce que tu dis, Papa!

PAPY - Tu viens de dire que tu étais gênée. Quand on est gêné,
c'est qu'on a besoin d'argent. Je sais que c'est désagréable d'avouer
ces choses-là… Alors, cesse de tourner autour du pot. Dis-moi de
combien vous avez encore besoin, je vous prête la somme et on
n'en parle plus…

DENISE - Mais… nous n'avons pas besoin d'argent Papa!

PAPY - Ah bon… tant mieux. J'avais cru… Alors de quoi s'agit-il?

DENISE - Mais pourquoi as-tu dit : "De combien avez-vous encore
besoin?" Nous ne t'avons jamais emprunté d'argent que je sache?

PAPY - Toi non… mais…

DENISE - Mais quoi?

PAPY - Mais rien… je n'ai rien dit… tu as mal entendu… Ne
parlons plus de ça…

DENISE - Ah si! Tu permets… Parlons-en… Raymond t'a
emprunté de l'argent?… Quand?… Pourquoi?

38

Papy - Oh… ce que tu peux m'agacer, toi!… J'ai encore le droit d'avoir mes œuvres.

Denise - Alors c'est vrai?

Papy - Quoi?

Denise - Tu as prêté de l'argent à mon mari?

Papy - Mais non…

Denise - Mais si!

Papy - Et alors! En admettant que je lui en ai prêté… Je ne l'ai pas fait, mais en admettant que je l'ai fait, veux-tu me dire en quoi ça te regarde, hein?! Non mais sans blague…

Denise - Ça me regarde parce qu'il s'agit de mon mari, figure-toi… et que j'ai le droit de savoir pourquoi il a besoin d'argent alors que nous avons largement de quoi vivre…

Papy - Il avait peut-être envie de te faire une petite surprise…

Denise - Elle est faite la surprise! Je comprends tout… *(A Bernard et Michèle.)* Je me demandais ce qu'elle pouvait bien lui trouver… Tout s'explique… Combien lui as-tu prêté?

Papy - Mais puisque je te répète…

Denise - Combien Papa?

Papy - Trente mille francs.

Denise - Trente mille… tu veux dire… trois millions?

Papy - Oui, mais il va me les rendre.

Denise - Ça, ça m'étonnerait… Quand tu vas savoir à quoi ou plutôt à qui il destinait cette somme, tu vas tomber de haut… et ce sera bien fait pour toi… Tu n'avais qu'à m'en parler…

Papy - Mais je ne pouvais pas… il m'avait demandé le secret le plus absolu !

Denise - Et il t'a dit pourquoi il avait besoin de cet argent ?

Papy - Bien sûr. Ça m'a un peu ennuyé par rapport à toi, mais il a tellement insisté…

Denise - Mais enfin Papa… C'est incroyable ce que tu dis ! Tu oublies que je suis ta fille !!

Papy - On règlera ça avec lui… tu veux bien…

Denise - Avec lui ! Ah non, pas question ! Je refuse de lui adresser la parole… et puisque tu prends son parti…

(On sonne à la porte.)

Papy - Tiens… C'est certainement lui. Vous allez vous expliquer tous les deux.

Denise - Jamais !… Je ne veux plus vous voir, tu m'entends !… Je ne sortirai pas de cette pièce tant que tu ne m'auras pas donné raison… C'est affreux ce que tu fais… *(Elle sort rapidement et s'enferme dans le bureau de Bernard.)*

Papy *(devant la porte fermée)* - Sa mère… Je viens de voir sa mère… Je me suis tapé 300 Km en chemin de fer pour la retrouver ici… Mais qu'est-ce qu'il lui prend ?

Michèle - Mais enfin, Grand-père… rends-toi compte !

(On sonne toujours.)

Papy - Pour l'instant, je me rends compte qu'on sonne à la porte et que personne ne va ouvrir…

Bernard - J'y vais…

(Il ouvre la porte. Paraît Annie, sa fille. Elle a dix-huit ans,

elle est ravissante. Elle a un sac de voyage à la main. Elle est très gaie.)

ANNIE - Salut Papa! Ça va?...

BERNARD - Annie!... Mais qu'est-ce que tu fais là?

MICHÈLE - Annie!

ANNIE - Ras le bol de la montagne!...

BERNARD - Et tes clefs... tu n'as pas tes clefs?

ANNIE - Je les ai perdues dans la neige... Bonsoir Maman. *(Elle aperçoit Papy.)* SUPERPAPY!!! Oh ben ça alors... pour une surprise... Eh ben... tu m'embrasses pas?

PAPY - C'est qui ça?

BERNARD - Mais c'est Annie, Papy...

PAPY - C'est pas possible... La dernière fois que je l'ai vue, elle était haute comme ça...

ANNIE - J'avais quinze ans Superpapy. Aujourd'hui j'en ai 18.

PAPY *(explosant)* - Je ne te le fais pas dire! Ça fait trois ans que tu n'es pas venue me voir... et tu voudrais que je t'embrasse?

ANNIE - C'est pas de ma faute Superpapy...

PAPY - C'est de la mienne peut-être...

ANNIE - Un peu... Tu n'es même pas venu à mon mariage...

PAPY - Et toi, tu es venue au mien? Ah! Non, ton arrière grand-mère était malade... Je ne pouvais pas la laisser seule... Allez... embrasse-moi... Qu'est-ce que tu es belle! C'est fou ce qu'elle a changé.

ANNIE - Pas toi Superpapy. Tu ne bouges pas...

MICHÈLE - C'est vrai, tu ne bouges pas Papy.

BERNARD - C'est vrai Papy, vous ne bougez pas !!

PAPY - Quais… Je suis arrivé à l'âge où tout le monde dit ça ! "Il ne bouge pas le Papy… il ne bouge pas…" et un beau matin on dit - "Tiens il ne bouge plus, le Papy…"

ANNIE - Oh… il ne faut pas dire ça Superpapy !

PAPY - Je dis ce que je veux.

MICHÈLE - Annie… on peut savoir pourquoi tu rentres deux jours plus tôt que prévu ?

PAPY - Elle a deviné que j'étais là… et elle n'a pas résisté… C'est ça hein ?

ANNIE *(riant)* - Oui, Superpapy, c'est ça… Et puis j'en avais marre de la neige…

PAPY - Et ton mari ? Tu le caches ?… J'aimerais bien le voir cet oiseau-là !

MICHÈLE - C'est vrai, où est Franck ? Il range la voiture ?

ANNIE - Non… il est resté là-bas…

BERNARD - Comment il est resté là-bas ?…

ANNIE - Mais oui. Il avait envie de passer le week-end à Courchevel, pas moi… alors j'ai pris le train… c'est tout.

MICHÈLE - C'est insensé ce que tu racontes !!

ANNIE - Pourquoi ?

BERNARD - Pourquoi ! Tu trouves normal de laisser ton mari tout seul, en plein voyage de noces ?

ANNIE - Mais nous n'étions pas vraiment en voyage de noces, Papa…

MICHÈLE - Ah bon... première nouvelle !...

ANNIE - Mais oui... Un voyage de noces... c'est quand on part très loin... et longtemps. Nous, on est juste partis aux sports d'hiver. C'est pas pareil...

BERNARD - C'est pas pareil ! C'est quand même bien la première fois que vous partiez en vacances ensemble, non ?

ANNIE - Oui... mais...

BERNARD - Eh bien... c'est comme un voyage de noces. Surtout à ce prix là... C'est moi qui ai tout payé !!!

ANNIE - Bon... si vous voulez...

BERNARD - Eh oui, je veux... N'est-ce pas Papy ?

PAPY - C'est vrai. Quand on fait un voyage de noces, il faut le finir... C'est comme une bonne bouteille : quand on l'a ouverte, il faut la boire...

ANNIE - Eh bien... disons que je n'avais plus soif.

MICHÈLE - Qu'est-ce que ça veut dire ça ?

ANNIE - Mais rien... Ça serait trop long à expliquer.

MICHÈLE - Ah si ! Explique-toi tout de suite. Qu'est-ce qui ne va pas avec Franck ?

ANNIE - C'est un con...

(Silence.)

PAPY - Eh ben... ça n'a pas été long à expliquer...

BERNARD - Qu'est-ce que ça veut dire ça ? Tu t'es disputée avec lui ?

ANNIE - Mais non...

MICHÈLE - Alors qu'est-ce qui s'est passé ? Tu ne crois pas que nous avons le droit de savoir Annie !

PAPY - Mais laissez-la tranquille cette gamine ! Elle vous dit que son mari est un con. Vous devriez être ravis que votre fille refuse de vivre avec un con.

ANNIE - Merci Superpapy. Je te prendrai comme avocat…

PAPY - Ah bon… Toi aussi, tu vas avoir besoin d'un avocat ?

ANNIE - Eh oui… Je divorce.

MICHÈLE - Ah non !!!

BERNARD - C'est pas vrai ! Pas toi aussi !

ANNIE - Pourquoi "pas moi aussi" ? Il y a quelqu'un d'autre qui divorce ? Qui ça ?

PAPY - Moi !

ANNIE - Ah non… c'est pas vrai ?

PAPY - Mais si, c'est vrai.

ANNIE - Tu ne peux pas faire ça !! C'est aberrant !

PAPY - Et pourquoi je ne peux pas faire ça ? Tu le fais bien toi !

ANNIE - Mais moi ce n'est pas pareil… je viens juste de me marier !

PAPY - Eh bien, c'est ça qui est aberrant, mais au bout de soixante ans… c'est normal.

ANNIE - Je ne suis pas d'accord.

PAPY - Mais je ne te demande pas ton accord, ma petite fille. Est ce que je t'empêche de le faire moi ?

ANNIE - C'est vrai… Pardon Superpapy. Fais comme bon te semble.

PAPY - Merci… Dis donc… tu vas avoir besoin d'un avocat… moi aussi… On va prendre le même… il nous fera un prix de gros… d'accord?…

ANNIE - D'accord!

MICHÈLE - Ah mais non! Pas d'accord! Une minute Papy… Si tu veux divorcer, fais-le… Mais sois gentil de ne pas encourager notre fille à en faire autant.

PAPY - Et pourquoi elle n'aurait pas le droit d'en faire autant? Elle est majeure, non?

MICHÈLE - Mais enfin… tu te rends compte de ce que tu dis?… Bernard… dis quelque chose!…

PAPY - Ah oui… c'est vrai ça… Dites quelque chose Bernard! Il n'y a que les femmes qui ont la parole ici… Vous non plus vous n'êtes pas d'accord?

BERNARD - Ah non!… Pas du tout!

ANNIE - Ecoute Papa…

BERNARD - Non… attends un petit peu, tu veux… Je sais que tu finiras par n'en faire qu'à ta tête, mais tu vas d'abord m'écouter. Tu sais très bien que moi, je ne veux que ton bonheur…

MICHÈLE - Et moi… je ne le veux pas son bonheur peut-être?

BERNARD - Mais si… bien sûr… Pourquoi dis-tu ça?

MICHÈLE - Parce que tu viens de dire : Moi… je ne veux que ton bonheur… ce qui laisse sous-entendre qu'il n'y a que toi à le vouloir… Moi aussi, je te signale…

BERNARD - Mais oui… bien sûr chérie… Je me suis mal exprimé. Ta mère et moi, ta grand-mère, Papy… enfin tout le monde dans cette maison ne souhaite que ton bonheur… Tu feras ce que tu voudras, mais permets-nous au moins de te demander quelques explications.

ANNIE - Mais qu'est-ce que vous voulez que j'explique ?

BERNARD - Mais enfin Annie… On ne divorce pas de quelqu'un que l'on vient juste d'épouser sans qu'il y ait une raison valable !… Et cette raison, nous aimerions la connaître. C'est un peu normal non ?

PAPY - Mais puisqu'elle vous dit que c'est un con !!

BERNARD - Papy… Je vous aime beaucoup… mais en la circonstance…

PAPY - Oui… vous avez raison… Excusez-moi Bernard… Je n'ai pas à me mêler de ça…

ANNIE - Tu me laisses tomber Superpapy ?

PAPY - Pas du tout. Mais je trouve normal que tu répondes à ton père. C'est lui le chef de famille, et en tant que chef de famille, il a droit à une explication.

MICHÈLE - Moi aussi !

PAPY - Oui. Mais lui… c'est le chef de famille.

MICHÈLE - On le saura !…

PAPY - C'est une chose qu'on ne rappelle jamais assez. Allez, ma petite Annie, explique à tes parents pourquoi tu veux quitter ton mari. Bien que, personnellement, le fait que tu le trouves con me paraisse une explication suffisante…

BERNARD - Eh bien pas à moi. Si elle le trouve con… il fallait qu'elle s'en aperçoive avant.

PAPY - Oh… des fois, ça prend du temps !…

BERNARD - Papy !!

PAPY - Oui… Excusez-moi… Je ne dirai plus rien… plus un mot…

BERNARD - Merci.

PAPY - Sauf si on me demande mon avis, bien entendu…

BERNARD - Parfait. Annie ?

ANNIE - Oui Papa.

BERNARD - Ça va faire un an que tu connais Franck ?

ANNIE - Oui Papa.

BERNARD - Si ma mémoire est bonne, ça a été le coup de foudre entre vous ?

ANNIE - Oui Papa.

BERNARD - Tu ne dormais plus… tu ne mangeais plus… Quant à tes études, n'en parlons même pas… Tu ne faisais plus rien. On est bien d'accord ?

PAPY - Oui Papa…

BERNARD - Papy !!!

PAPY - Pardon Papa… heu… Bernard…

BERNARD - Tu nous a suppliés de te laisser l'épouser, alors que ta mère et moi, ainsi que ta grand-mère qui n'est pas là mais qui écoute tout, étions formellement contre, étant donné ton âge, tes études pas terminées et le fait que Franck n'avait pas de situation.

PAPY - Il n'a pas de situation ?

BERNARD - Il est en cinquième année de médecine, Papy. Il lui en reste encore deux à faire.

PAPY - Ouh la la !… C'est si long que ça pour apprendre à tuer les gens.

BERNARD - Eh oui… Je continue… Voyant notre refus, tu n'as rien trouvé de mieux à faire que de tomber malade. C'était la dépression totale… Nous nous sommes beaucoup inquiétés, et après avoir beaucoup réfléchi, voyant que Franck était un garçon sérieux, travailleur, gentil et très amoureux de toi, enfin bref, le contraire d'un con… nous avons cédé. Tu me suis toujours?

ANNIE - Mais oui… Je sais tout ça Papa…

BERNARD - Alors… Que s'est-il passé durant ces deux semaines, pour que tu débarques ici, seule, deux jours plus tôt que prévu, en traitant ton mari de con, et avec l'intention de divorcer? C'est tout ce que je te demande!…

ANNIE - Papa… je comprends très bien que tu ne comprennes pas… Toi aussi Maman… Mais moi non plus, je ne comprends pas très bien ce qui m'arrive. J'ai tellement attendu le moment où Franck et moi serions enfin seuls, où il pourrait laisser tomber ses études pour ne s'occuper que de moi… J'étais sûre qu'il allait se passer quelque chose… quelque chose que j'attendais… Comment dire…

BERNARD - Qu'est-ce que tu attendais?

ANNIE - Mais je ne sais pas… enfin si… je sais… mais je n'arrive pas à l'expliquer… J'ai besoin de réfléchir un peu… Est-ce qu'on ne pourrait pas attendre demain pour en parler tranquillement… je suis fatiguée Papa… Tu veux bien?

BERNARD - Bon. Si tu veux. D'ailleurs, nous partions dîner… et il faut emmener Papy à son hôtel. Mais tu me promets que demain…!?

ANNIE - Mais oui… C'est juré. Et ne te fais pas trop de souci pour moi… C'est pas un drame tu sais.

MICHÈLE - Ah tu trouves! Elle est complètement inconsciente!… Et ton enfant! hein! Tu as pensé à ton enfant?

Papy - Elle a un enfant ?

Michèle - Pas encore. Mais elle l'attend. Elle est enceinte de six semaines. Tu ne l'as pas oublié j'espère ?

Annie - Mais non Maman... je sais... mais je vais m'arranger.

Michèle - T'arranger ! Tu crois que c'est si facile que ça ? Au début bien sûr, tant que tu vivras ici ça ne te paraîtra pas compliqué : tu joueras avec ton bébé comme on joue à la poupée... Mais plus tard... quand tu voudras vivre seule... Ce sera une autre affaire. Tu n'as pas de métier et ton enfant, lui n'aura pas de père... Et un enfant a autant besoin d'avoir un père qu'une mère figure-toi.

Annie - Je le sais Maman. C'est pourquoi j'ai décidé de ne pas le garder.

Michèle - Ah non ! Tu ne vas pas faire ça ! Tu n'as pas le droit !

Annie - Tu préfères que je sois malheureuse toute ma vie ?

Michèle - Non. Je préfère que tu sois heureuse... mais avec ton mari. Franck est un garçon formidable, et tant que tu ne m'auras pas donné une raison valable, je n'admettrai pas que tu fasses ce que tu envisages. C'est monstrueux, tu entends...

Bernard - Michèle... calme-toi... Il faut laisser Annie se reposer... réfléchir... et demain on parlera de ça, tranquillement tous les trois. Elle l'a promis.

Michèle - Si tu veux. Mais j'espère qu'elle aura changé d'avis.

Annie - Je ne crois pas Maman...

Bernard - Annie... ça suffit. On a dit demain. Qu'est-ce que Papy va penser !

Papy - Moi ? Eh ben... j'espère, comme Michèle, qu'elle changera d'avis.

49

MICHÈLE - Ah… tu vois !…

ANNIE - Pourquoi tu dis ça Superpapy ?

PAPY - Pourquoi ! Mais parce que ça me ferait drôlement plaisir d'être maxi-super-Papy. On ne doit pas être si nombreux… J'aurais ma photo dans les journaux… Alors, si tu veux le garder, compte sur moi… Je te donnerai un coup de main pour l'élever.

MICHÈLE - Ah oui ? Jusqu'à quel âge ?

PAPY - Ah ça… Je ne dis pas que je serai là pour l'aider à remplir sa carte vermeille, mais dans les deux ans qui viennent, je me sens encore très capable de préparer un biberon.

MICHÈLE - Je ne trouve pas ça drôle, Papy.

PAPY - Moi non plus. C'est pas drôle de donner un biberon. C'est émouvant… tu ne te souviens pas ?

MICHÈLE - Oui… mais…

PAPY - Ça suffit !… Assez parlé. Bernard a raison. Demain, quand Annie sera reposée, vous parlerez de ça plus tranquillement. Parce que cette histoire de biberon me rappelle que je commence à avoir une sacrée faim moi aussi, et j'aimerais bien passer d'abord à mon hôtel !

BERNARD - On y va Papy. Annie, tu veux venir dîner avec nous ?

ANNIE - Non Papa. Tu es gentil… mais je n'ai qu'une envie… c'est d'aller m'allonger un petit peu.

PAPY - C'est ça… va te reposer. Et demain on ira faire une grande ballade tous les deux. Je pourrai peut-être te donner quelques bons conseils… et toi, en échange, tu me feras redécouvrir Paris. C'est que ça m'a l'air d'avoir pas mal changé depuis vingt ans…

ANNIE - Ça s'est plutôt enlaidi. Tu vas être déçu.

Papy - Eh bien, on ira dans les musées. Ça ne bouge pas les musées…

Bernard - Bon. Il faut partir maintenant.

Papy - Vous avez raison… Allez… en route! *(On sonne.)* Tiens, c'est sûrement Raymond… *(A Michèle.)* Va chercher ta mère…

Annie - Mamy est ici?

Bernard - Oui, avec sa valise aussi… On t'expliquera…

Michèle *(elle jette un coup d'œil à l'œilleton de la porte)* - Ce n'est pas Raymond. C'est Franck!

Annie - Quoi! Mais ce n'est pas possible!… Comment a-t-il fait?

Bernard - C'est à lui qu'il faut le demander.

(Michèle va pour ouvrir)

Annie - Ah non, Maman, je t'en supplie… ne lui ouvre pas.

Michèle - Mais tu es folle! Il est chez lui ce garçon…

Bernard - Eh oui. Ça me paraît difficile de le laisser à la porte.

(On sonne.)

Annie - Mais je ne veux pas le voir, moi!

Papy - Ah moi… j'aimerais bien!

Bernard *(voyant Annie se diriger vers sa chambre)* - Qu'est-ce que tu fais?

Annie - Je te répète que je ne veux pas le voir. Demain peut-être… Qu'il aille dormir chez ses parents…

Michèle et Bernard - Annie! Reste ici!

Annie - Non. Je veux être seule. Je ne veux voir personne. *(Elle s'enferme dans sa chambre.)*

BERNARD *(à la porte)* - Annie! Sors immédiatement! Tu dois assumer tes responsabilités. Tu m'entends? Elle s'est enfermée!...

MICHÈLE - Qu'est-ce que je fais?

(On sonne.)

BERNARD - Eh bien ouvre-lui. Qu'est-ce que tu veux faire d'autre...

(Elle ouvre la porte. Paraît Franck.)

MICHÈLE - Bonsoir Franck.

FRANCK - Bonsoir Michèle.

MICHÈLE - Excusez nous... mais...

FRANCK - Oui, je sais... J'ai entendu... Bonsoir Bernard...

BERNARD - Bonsoir Franck... mais entrez voyons... Vous allez peut-être nous expliquer.

FRANCK - Je voudrais bien... Bonsoir Monsieur.

PAPY - Bonsoir jeune homme.

FRANCK *(il montre la chambre)* - Elle est là... n'est-ce pas?

BERNARD *(gêné)* - Oui...

PAPY - Pas l'air con du tout ce gamin!

FRANCK - Mais qu'est-ce qui lui arrive?... Qu'est-ce qu'elle me reproche? Elle vous l'a dit?

BERNARD - Mais non... rien du tout. On a essayé de la faire parler... Impossible... Elle nous a demandé d'attendre jusqu'à demain. Elle nous expliquera!

FRANCK - Mais expliquer quoi?

BERNARD - Mais encore une fois Franck, on est comme vous, dans l'ignorance la plus totale. D'abord, comment se fait-il que vous soyez là ? Annie nous a dit que vous désiriez rester le week-end à Courchevel !

FRANCK - Sans elle ! Mais absolument pas ! Qu'est-ce que vous voulez que je fasse là-bas tout seul ?

MICHÈLE - Mais pourquoi vous êtes-vous disputés ?

FRANCK - Mais on ne s'est pas disputés. C'est pour ça que je ne comprends rien... Tout allait très bien. Hier Annie était un peu fatiguée. Je suis allé skier tout seul et elle a passé l'après-midi avec des amis que nous avions retrouvés là-bas. Le soir, elle a voulu se coucher tôt. Moi, j'avais mes cours à réviser... Ce matin, je me suis levé pour aller chercher les journaux; quand je suis revenu dans la chambre, elle avait disparu avec la moitié de ses affaires. Elle a juste laissé ce petit mot, bien en évidence sur la table : *(Il lit.)* J'en ai marre de la neige... Cherche pas à comprendre... Amuse-toi bien... A lundi. Voilà... c'est tout.

BERNARD - Et qu'est-ce que vous avez fait ?

FRANCK - Je l'ai cherchée dans toute la station. Finalement, j'ai appris qu'on l'avait vue monter dans un taxi... J'ai foncé à la gare : le train venait de partir. Alors, sans prendre le temps de retourner à la station, j'ai pris la route directement... J'ai roulé comme un fou... et j'arrive à l'instant.

MICHÈLE - Mais alors, toutes vos affaires sont restées là-bas...

FRANCK - Oui... mes clefs aussi... C'est pourquoi j'ai été obligé de sonner...

MICHÈLE *(lisant la lettre d'Annie)* - C'est insensé ! Elle aurait pu au moins vous donner une explication, une raison !

BERNARD - Si elle a profité du moment où Franck était allé chercher le journal pour faire sa valise, elle ne pouvait pas lui écrire un roman. Et puis, elle ne lui dit pas adieu… elle lui dit "à lundi"… Il n'y a plus qu'à attendre.

FRANCK - Mais je ne veux pas attendre jusqu'à lundi, je veux qu'elle s'explique tout de suite !

BERNARD - Ce ne sera pas facile. Elle refuse de sortir. Essayez… Vous aurez peut-être plus de chance que moi…

FRANCK *(il se dirige vers la chambre d'Annie et frappe à la porte)* – Annie !… Annie !… Tu m'entends !… C'est moi, Franck !… , Sois gentille… ouvre cette porte ! Il faut que nous parlions tous les deux que tu te rends… il ne peut s'agir que d'un malentendu… tout va s'arranger… Annie… cette situation est ridicule ! Est-ce que tu te rends compte !… Enfin !… Est-ce compte ! Devant tes parents !… *Bernard et Michèle.)* Je suis désolé…

BERNARD - Ne vous inquiétez pas pour ça, on a l'habitude ! Ça fait des années que Raymond gratte à cette porte sans réussir à faire sortir sa femme… alors…

FRANCK - Enfin… Annie… Réfléchis bon sang !… Tu ne peux pas rester enfermée là-dedans éternellement… Il faudra bien que tu ouvres cette porte à un moment ou à un autre… Mais réponds au moins quelque chose !! Annie !… C'est incroyable ! Elle ne veut même pas me parler ! Qu'est-ce que je peux faire ?

PAPY - Changer de méthode !!

FRANCK - Pardon ?

PAPY - Je dis qu'il faut changer de méthode.

BERNARD - Papy… la situation est déjà assez bloquée comme ça… alors…

Papy - Justement, il faut la débloquer. Jeune homme… je n'ai pas l'honneur de vous connaître…

Bernard - Mais voyons Papy… C'est Franck… le mari d'Annie !

Papy - Merci… j'avais compris… mais personne n'a eu la délicatesse de nous présenter…

Franck - Excusez-moi Monsieur… c'est dl" ma faute. C'est moi qui aurais dû…

Papy - Mais non, c'est pas vous qui auriez dû… c'est les vieux là… Ne parlons plus de ça. Puisque les présentations sont faites, me permettez-vous de vous donner un conseil ?…

Franck - Bien sûr. Avec plaisir même.

Papy - Vous voulez que votre femme sorte de cette chambre ?

Franck - Bien sûr.

Papy - Alors… il faut la défoncer…

Franck - Pardon !

Papy - La porte… il faut la défoncer.

Bernard et Michèle - Enfin Papy !! Qu'est-ce que tu racontes ? Tu deviens fou !

Bernard - Si c'est ça votre conseil, j'aimerais mieux qu'il ne le Suive pas…

Papy - C'est pourtant le plus efficace et c'est un expert qui vous parle…

Bernard - Ah bon !…

Papy - Ah oui… La première fois que ma femme s'est enfermée… Elle avait aussi laissé un petit mot. Elle disait : "Si tu as envie de

55

me revoir, regarde ma photo, parce que tu ne verras plus jamais l'original." Ah! Ah! Ah! Alors... j'ai essayé de la raisonner, comme vous le faites en ce moment. Rien à faire, elle est restée enfermée. J'ai dormi sur le canapé. Et quand, poussée par la faim, elle a daigné sortir, j'ai eu la gueule pendant huit jours. Alors la seconde fois où elle s'est enfermée, je n'ai pas hésité : j'ai défoncé la porte, je lui ai administré une bonne fessée et j'ai eu définitivement la paix. Elle ne s'est plus jamais enfermée. Faut dire que j'avais retiré la porte. Alors je répète... Faut la défoncer.

BERNARD - Oui. Eh bien vous m'excuserez Papy, mais moi, je tiens à ma porte.

PAPY - Mais lui, il tient à sa femme. C'est quand même plus important!

BERNARD - Peut-être, mais il attendra d'être dans ses meubles. Là, il défoncera tout ce qu'il voudra...

PAPY - C'est dommage...

BERNARD -... mais c'est comme ça.

FRANCK - Rassurez-vous Bernard, même avec votre consentement, je serais incapable de faire une chose pareille.

PAPY - Tant pis pour vous. Vous vous préparez des jours difficiles mon garçon.

FRANCK - Je suis persuadé qu'il doit y avoir un autre moyen.

PAPY - Eh ben... si vous le trouvez... faites-le-moi connaître.

FRANCK - Je vais trouver.

PAPY - Peut-être... mais quand?

FRANCK - Je ne sais pas. Il faut que je réfléchisse...

PAPY - Eh ben… on n'est pas près d'aller dîner. Avec ma méthode, dans dix minutes, tout le monde est à table !

BERNARD - De toute façon, nous allons partir. C'est d'ailleurs ce qu'il y a de mieux à faire. Les laisser ensemble. En notre absence, Franck retrouvera peut-être les mots qu'il faut, et à notre retour, tout ça sera arrangé ! Vous ne croyez pas Franck ?

FRANCK - Oui. Je crois… Je vous remercie Bernard. Je vais rester ici et je vous promets que vous retrouverez votre porte intacte…

PAPY - Possible… mais la petite sera toujours derrière… alors que si vous la défonciez…

BERNARD - Oui… Ça va Papy. On a compris. Mais nous refusons, Franck et moi, d'employer cette méthode. Alors laissons-le faire.

PAPY - Très bien. Je me plie à la majorité…

BERNARD - Bon… Alors on y va ?

MICHÈLE - Mais il faut demander à Maman si elle vient avec nous.

PAPY - Eh bien, va la chercher.

(Michèle va à la porte du bureau, le téléphone sonne. Bernard décroche.)

FRANCK - Mamy est ici ?

BERNARD *(qui à déjà l'écouteur à l'oreille)* - Oui, Mamy est ici. On vous expliquera… Allô… oui, c'est moi… Ah c'est vous Raymond… Oui votre femme est ici…

MICHÈLE - Mais non !

BERNARD *(il met la main sur le combiné)* - Trop tard, il m'a entendu dire à Franck que Mamy était là ! *(Au téléphone.)* A qui je disais ça ? Mais à Franck. Oui il est là… il vient d'arriver… Annie aussi est là. Tout le monde est là…

Papy - Ben… et moi… on m'oublie ?

Bernard - Ah oui… c'est vrai… Et Superpapy aussi est là… Mais si, c'est vrai…

Papy - Passez-le-moi…

Bernard - Mais non…

Papy - Mais si… *(Il s'empare de l'écouteur et parle comme si Raymond pouvait l'entendre.)* Allô… Raymond… C'est vous… C'est moi… Alors qu'est-ce que vous faites mon vieux… Montez tout de suite… Ça fait deux heures que je suis là, dépêchez-vous…

(Pendant qu'il parle, Bernard parle en même temps.)

Bernard - Mais c'est pas vrai… posez ça. Comment voulez-vous qu'il vous entende. C'est l'écouteur ça… Posez moi ça… donnez-moi ça Papy. *(Il lui prend l'écouteur de force et raccroche.)*

Papy - Oh vous m'agacez mon vieux. Ça fait des années que ma femme téléphone comme ça, ça marche très bien…

(Il part bougonner au fond.)

Bernard - Allô Raymond… Excusez-moi c'est Papy… oui… Dans cinq minutes… Parfait. A tout de suite. *(Il raccroche.)* Il arrive.

Michèle - C'est malin !

Bernard - Qu'est-ce que je pouvais faire d'autre !

Michèle *(à la porte)* - Maman… tu as entendu… Papa sera là dans cinq minutes. Tu ne crois pas qu'il vaudrait mieux que tu sortes ! Maman ! Elle ne répond pas… Qu'est-ce que je peux faire ?

Papy - Faut la défoncer.

Bernard - Ah non Papy… ça suffit !

Papy - Bien. Bien. Je n'ai rien dit.

BERNARD - Si elle ne sort pas, on emmène ton père dîner avec nous, et on les laisse se débrouiller toutes les deux avec Franck. Voilà.

MICHÈLE - Mais c'est elle qui nous a invités !

BERNARD - Eh bien, on se passera de son invitation. J'ai faim moi, et je ne vais pas me priver de dîner parce que ta mère et ta fille ont décidé de divorcer le même jour !

FRANCK - Qu'est-ce que vous avez dit ?

BERNARD - Que j'avais faim.

FRANCK - Non. Après ! Pourquoi avez-vous dit qu'Annie voulait divorcer ?

BERNARD - J'ai dit ça moi ?

FRANCK - Mais oui.

BERNARD - Mais non.

FRANCK - Mais si.

BERNARD - Mais non.

PAPY - Mais si, à l'instant.

BERNARD - Merci Papy... Merci beaucoup. Quand j'aurais besoin d'un service, j'irai vous voir dans la Nièvre... je n'ai pas parlé d'Annie... j'ai parlé de Mamy... C'est elle qui veut...

FRANCK - Mais d'Annie aussi. Vous avez aussi parlé d'Annie. Pourquoi ?

BERNARD - Oh la la ! J'aurais mieux fait de me taire moi !

FRANCK - Elle vous a dit qu'elle voulait divorcer ?

BERNARD - Eh bien oui. Je suis désolé… Mais c'est la première chose qu'elle nous a dite en arrivant. Et puis… enfin… quoi… vous avez bien lu sa lettre !

FRANCK - Mais elle ne parle pas de ça dans sa lettre… Elle dit juste qu'elle en a marre de la neige…

BERNARD - Oui… mais ça dit bien ce que ça veut dire… quand même ! Quand on en a marre de la neige… c'est que… enfin… Franck… la neige…

FRANCK - Mais quoi la neige !!!…

BERNARD - Papy… la neige.

PAPY - Ben quoi… la neige !

BERNARD - Encore merci Papy… Vous avez raison… Je commence à raconter n'importe quoi moi… Ecoutez Franck, il vaut peut-être mieux que vous veniez avec nous…

FRANCK - Ah non ! Pas question. Si elle vous a dit qu'elle voulait divorcer, c'est que c'est plus grave que je ne le pensais ! Et ça, il n'en est pas question… Je refuse. C'est ma femme vous comprenez ?

BERNARD - Bien sûr… mais c'est aussi ma fille, alors…

FRANCK - Je sais. C'est normal que vous la défendiez, mais…

BERNARD - Mais non, je ne la défends pas… J'essaie de la comprendre. C'est différent.

FRANCK - Parce que vous croyez que moi je ne cherche pas à la comprendre ?… Je ne demande que ça. Elle n'a qu'à sortir… s'expliquer… C'est infernal cette situation !

MICHÈLE - Ça, je suis bien d'accord…

FRANCK - Divorcer !… mais elle est folle ! Et qui est-ce qui va élever son enfant? Elle a pensé à ça? Hein? Non. Bien sûr... Je suis persuadé qu'elle ne s'est même pas posé la question!!

BERNARD - C'est-à-dire...

FRANCK - Ah oui... je vois... elle compte sur vous... C'est bien joli tout ça... Au départ, vous serez ravis, mais quand il va grandir et qu'il réclamera son père, qu'est-ce que vous lui raconterez à mon fils hein? Qu'est-ce que vous lui raconterez?

BERNARD - Franck, mon petit Franck... calmez-vous... D'abord, rien ne nous dit que ce sera un garçon, n'est-ce pas?

FRANCK - Ah ne plaisantez pas Bernard!... Il s'agit de mon enfant! Garçon ou fille, quelle importance? Il aura besoin de moi... alors oubliez un peu votre fille, et laissez-moi m'occuper de ma femme ou tout au moins de la mère de mon enfant, s'il vous plaît!

BERNARD - Bien. Après tout, vous avez raison. Faites ce que vous voulez. J'approuve tout. C'est vous le chef.

FRANCK - Parfait. Alors je peux?

BERNARD - Vous pouvez quoi?

FRANCK - Défoncer la porte?

PAPY - Quais...

BERNARD - Ah mais non!

FRANCK - Mais vous venez de me donner carte blanche!

BERNARD - Eh bien. Je vous la retire.

PAPY - Dommage!

BERNARD - Papy, ça suffit!

PAPY - Il y viendra, j'vous dis! Je suis sûr qu'il y viendra...

BERNARD - Sûrement pas. Faites ce que vous voulez Franck… mais pas la porte. C'est ma porte… et j'y tiens. Je compte sur vous… parce que maintenant nous, on s'en va. Allez, viens Michèle, on récupèrera ton père en bas.

MICHÈLE - Tu plaisantes !

BERNARD - Quoi ! Qu'est-ce qu'il y a encore ?

MICHÈLE - Mais tu ne vois pas dans quel état il est ? On ne sait pas ce qui peut arriver… j'ai peur… je reste ici.

BERNARD - Mais c'est pas vrai ça ! C'est pas vrai ! mais j'ai faim moi !

PAPY - Et moi aussi !

MICHÈLE - Eh bien, allez dîner tous les deux.

BERNARD *(hurlant)* - Mais il n'en est pas question ! Ah ça… j'aimerais bien savoir qui commande dans cette maison ! Je n'ai jamais aimé jouer les chefs de famille, mais comme le faisait très justement observer Papy tout à l'heure, le chef de famille ici, c'est moi, et j'aimerais bien que de temps en temps on fasse ce que je demande.

PAPY - C'est un peu mou, mais ça vient ! En tout cas, voilà un langage qui me plaît !

BERNARD - Alors maintenant, je décide que nous partons tous les trois et nous allons partir tous les trois…

MICHÈLE - Non. J'ai peur, je te dis.

BERNARD - Mais peur de quoi ?! Regarde-le ton gendre… Regarde-le bien… Il a une tête d'assassin ?

PAPY - Quais…

BERNARD - Papy, ça suffit. Alors cesse d'avoir peur et suis-nous. C'est le meilleur moyen de la faire sortir… Et si jamais elle est toujours enfermée là-dedans quand nous allons revenir… alors je te jure bien que je m'en occuperai personnellement.

MICHÈLE - Ah oui… Et qu'est-ce que tu feras ?

BERNARD - Tu verras… Mais je n'aurai pas besoin de défoncer la porte, crois-moi. Si c'est de l'autorité dont elle a besoin, elle en aura !

PAPY - Sans défoncer la porte ?

BERNARD - Sans défoncer la porte.

MICHÈLE - Et qu'est-ce qui t'empêche de le faire tout de suite, si tu es tellement sûr d'y arriver tout à l'heure ?…

PAPY - C'est vrai ça… Qu'est-ce qui vous empêche de le faire tout de suite, puisque vous êtes tellement sûr d'y arriver tout à l'heure.

BERNARD - Papy… Vous n'allez pas vous y mettre vous aussi !!!

PAPY - Non… Mais comme je ne crois à aucune méthode, en dehors de la mienne… ça m'intéresse de voir si la vôtre est aussi efficace.

BERNARD - Très bien. Puisque vous le prenez comme ça… vous allez voir ce que vous allez voir… *(Il va à la porte de la chambre d'Annie.)* Annie ! Maintenant, ça suffit. La plaisanterie a assez duré. *Je* te rappelle que, bien que tu sois majeure, tu vis encore chez tes parents, et que c'est moi qui non seulement te loge, mais t'habille, te nourris, et paie tes études. La vraie majorité ne commence que le jour où l'on est capable de s'assumer complètement. Et en ce qui te concerne, je n'ai pas l'impression que ce soit demain la veille. Je te donne donc trente secondes pour sortir. Passé ce délai, je te préviens que tu pourras faire ta valise et quitter cette maison… Ou bien tu obéis, ou bien tu t'en vas… Trente secondes. C'est parti…

MICHÈLE - Bernard, tu ne vas faire ça !…

BERNARD - Silence ! C'est moi qui commande et personne d'autre. Tu as voulu de l'autorité, tu vas en avoir.

MICHÈLE - Mais il n'est pas question qu'elle quitte cette maison ! Je m'y oppose formellement.

BERNARD - Elle fera ce que je déciderai. Un point, c'est tout.

MICHÈLE - Je te préviens Bernard…

BERNARD - Silence ! Dix secondes…

MICHÈLE - Annie !… Sors tout de suite…

BERNARD - Cinq secondes…

PAPY - On se croirait à Cap Canaveral !!

BERNARD - Terminé ! *(dramatique)* Michèle, tu diras à ta fille qu'elle n'a plus rien à faire dans cette maison. Demain soir, quand je vais rentrer, je ne veux plus la voir, ni aucun objet qui me rappelle sa présence. Et si sa valise n'est pas faite, c'est moi qui la ferai et qui la déposerai sur le palier. J'ai dit !

MICHÈLE *(très calme)* - Et moi… Je te dis MERDE !

BERNARD - J'espère avoir mal entendu.

MICHÈLE - Je t'ai dit merde.

PAPY - Elle vous souhaite beaucoup de bonheur.

MICHÈLE - Et si tu ne changes pas d'avis immédiatement, je te préviens que j'aurai fini ma valise avant que ma fille n'ait commencé la sienne.

BERNARD - Je ne changerai pas d'avis, et tu vas rester ici. C'est un ordre !

MICHÈLE - C'est ce qu'on va voir! *(Elle se dirige vers sa chambre.)*

BERNARD - Michèle! Viens ici immédiatement, tu m'entends? Je t'interdis de sortir de cette pièce! *(Mais Michèle est sortie et claque la porte.)* Michèle!... Ouvre cette porte tout de suite! Oh! la garce!... Elle s'est enfermée! Qu'est-ce que je peux faire?

PAPY - Faut la défoncer... Ah! Ah! Ah!

BERNARD - Michèle!

FRANCK - Annie!

PAPY - Quand je pense que j'ai quitté la Nièvre parce que j'en avais marre des scènes de ménage... Ah! Ah! Ah!

(Le rideau se ferme sur cette réplique pendant que Bernard et Franck, chacun à sa porte, attaquent le début de leur monologue.)

BERNARD - Michèle! Ton père est là. Si tu crois que c'est en restant enfermée comme ta mère et ta fille que la situation va s'arranger, tu te trompes. C'est grotesque ce que tu fais. Et si tu penses que ma façon d'agir avec Annie n'est pas la bonne, tu n'as qu'à sortir et essayer de la raisonner.

FRANCK - Annie! Tu as bien entendu ce tu crois que ton père a dit : il a entièrement raison. Si tu refuses de t'expliquer avec moi, tu dois au moins accepter de t'expliquer avec lui. C'est ton père et tu vis encore chez lui. Qu'est-ce que tu vas faire s'il te met à la porte, hein?!

Acte 2

Quand le rideau se lève, la porte d'entrée est ouverte par Superpapy qui essaie d'expliquer la situation à Raymond, médusé par ce qu'il voit. C'est-à-dire : Bernard parlant à Michèle enfermée dans sa chambre… et Franck parlant à Annie enfermée dans la sienne. Les trois conversations se mélangent.

BERNARD - Je serais capable de faire des choses que je regretterais… Mais il sera trop tard, elles seront faites ! Alors sors immédiatement, si tu ne veux pas que la situation s'aggrave. C'est tout ce que j'ai à te dire. Réfléchis bien… parce que dans quelques minutes, il sera trop tard… Tu m'as bien compris !!!

FRANCK - Je te préviens que je ne supporterai pas plus long-temps d'être dans une situation aussi grotesque. Si tu ne sors pas immédiatement, c'est moi qui vais quitter cette maison, mais c'est toi qui le regretteras. Alors, sors immédiatement si tu ne veux pas que la situation s'aggrave. C'est tout ce que j'ai à te dire. Réfléchis bien… parce que, dans quelques minutes, il sera trop tard… Tu m'as bien compris !!!

PAPY *(qui pendant tout ce temps n'a cessé de discuter avec Raymond)* - Voilà… Vous avez compris ?

RAYMOND - Rien du tout.

67

PAPY - Asseyez-vous. On va tout reprendre à zéro.

RAYMOND - Bonsoir Bernard.

BERNARD - Bonsoir Raymond.

RAYMOND - Bonsoir Franck.

FRANCK - Bonsoir Monsieur.

RAYMOND - Puis-je enfin savoir…

PAPY - Vous n'avez vraiment rien compris de tout ce que je viens de vous dire?

RAYMOND - Je n'ai retenu qu'une chose : ma fille et ma petite fille sont enfermées respectivement dans leur chambre, et ma femme est avec l'une d'entre elles. C'est bien ça?

PAPY - Vous avez perdu! Mais rassurez-vous, vous aurez droit à un lot de consolation…

BERNARD - Papy… est-ce qu'il y aura un jour dans votre vie, une seule seconde, où vous cesserez de plaisanter?

PAPY - Oui… la dernière… Désolé mon petit Bernard, mais il fau dra que vous attendiez encore un petit peu.

RAYMOND *(désignant le bureau)* - Denise est là?

PAPY - Ce coup-là… c'est gagné! Suffit de prendre son temps. Y a-t-il encore quelque chose que vous désiriez savoir en priorité?

RAYMOND - Oui… Que s'est-il passé entre ma femme, ma fille et ma petite fille pour qu'elles en arrivent à ne plus vouloir être en présence l'une de l'autre, ou à s'adresser la parole??

BERNARD - Mais tout va très bien entre elles, Raymond. C'est en notre présence qu'elles ne veulent plus se trouver. C'est différent!

RAYMOND - En notre présence ?

BERNARD - Eh oui...

RAYMOND - Mais pourquoi ?

PAPY *(à Bernard)* - Il faudrait se cotiser pour lui payer un décodeur.

RAYMOND - Mais comment voulez-vous que je comprenne quelque chose à cette histoire, si vous ne m'expliquez rien !

BERNARD - Bon. Alors, prenons les choses dans l'ordre... Primo, ma fille s'est enfermée.

RAYMOND - Ma petite fille ?

BERNARD - Oui...

RAYMOND - Pourquoi ?

BERNARD - Parce qu'elle refuse de voir et de parler à son mari ici présent.

RAYMOND - Votre gendre ?

BERNARD - Oui... mon gendre, sans que personne ne sache pourquoi !

RAYMOND - Pourquoi ?

BERNARD - Mais justement on ne sait pas. Deusio, votre fille s'est enfermée.

RAYMOND - Votre femme ?

BERNARD *(de plus en plus énervé)* - Oui, ma femme s'est enfermée parce que j'ai menacé ma fille de la foutre à la porte de cette maison, si elle ne sortait pas de sa chambre... Tertio, votre... ma belle mère, s'est enfermée.

RAYMOND - Ma femme ?

BERNARD - OUI… VOTRE FEMME… s'est enfermée pour une raison qui ne concerne en rien les deux précédentes, mais dont vous devez certainement avoir une petite idée, non?

RAYMOND - Aucune!! Pourquoi? C'est après moi qu'elle en a?

BERNARD - Ben… oui. Vous avez bien LU sa lettre?

RAYMOND - Sa lettre! Mais de quelle lettre parlez-vous?

BERNARD - Vous n'êtes pas rentré chez vous?

RAYMOND - Si… mais comme Denise n'était pas là et que j'ai vu de la lumière chez vous, je vous ai appelé tout de suite.

BERNARD - Ah bon… Avant de monter, vous n'êtes pas passé dans votre bureau?

RAYMOND - Non. Pourquoi? Elle m'a encore fait le coup de la lettre d'adieu?

BERNARD - Oui. Et cette fois, ça m'a l'air plus grave que d'habitude…

RAYMOND - Qu'est-ce que c'est que cette histoire?… Vous permettez?…

BERNARD - Je vous en prie… Vous connaissez le chemin.

(Raymond se dirige lentement vers la porte du bureau.)

PAPY - Attention… James Bond entre en action!…

RAYMOND *(très calme)* - Denise… Tu m'écoutes?… Je commence à en avoir par dessus la tête de venir discuter devant cette porte sans jamais parvenir à te la faire ouvrir. J'ai fait preuve de beaucoup de patience jusqu'à présent, mais aujourd'hui la situation est différente. Je refuse de me ridiculiser devant un garçon qui vient à peine d'entrer dans notre famille et devant ton père qui vient d'arriver, et qui n'a pas mis les pieds à Paris depuis au moins…

70

PAPY - Vingt ans!... Ça fait vingt ans!...

RAYMOND - Tant que ça?

PAPY - Eh oui... pour le mariage de Michèle.

RAYMOND - C'est vrai... Tu entends Denise?... Depuis vingt ans! Tu ne peux donc continuer à te conduire comme d'habitude. Si tu as quelque chose à me reprocher, tu sors immédiatement de ce bureau et nous allons en discuter tranquillement à la maison. J'espère que tu m'as bien compris... Allez!... Dépêche-toi... *(Il remonte tranquillement à la porte d'entrée et l'ouvre.)* Papy, Bernard, Franck, je vous prie de bien vouloir nous excuser... Juste le temps de régler ce petit problème et nous vous appelons... d'accord?

BERNARD - Mais bien sûr Raymond... nous comprenons...

PAPY - Mais oui... Faites donc...

(Un grand temps.)

RAYMOND - Denise... Je t'attends...

(Un autre temps.)

PAPY - Vous prendrez bien une petite chaise?

RAYMOND - Pardon?

PAPY - Je dis que vous devriez prendre une petite chaise... parce que ça risque de durer longtemps...

RAYMOND - Je ne crois pas.

PAPY - Oh si... Je connais ma fille : elle est encore plus têtue que moi... C'est pas peu dire!...

RAYMOND - Vous pensez qu'elle ne sortira pas?

PAPY - Certain!... A moins que vous ne changiez de méthode...

RAYMOND - C'est-à-dire ?

BERNARD - Ah non !... Ça suffit Papy ! Vous n'allez pas recommencer !

PAPY - C'est le seul moyen, je vous dis !

BERNARD - Et moi, je vous répète qu'il n'en est pas question.

RAYMOND - Puis-je savoir de quoi vous parlez, tous les deux ?

BERNARD - Papy ne connaît qu'une seule méthode pour faire sortir aussi bien ma fille que ma femme et la vôtre, c'est de défoncer les portes...

PAPY - Eh oui... C'est la seule !

BERNARD - Eh ben non.

RAYMOND - Rassurez-vous, Bernard... Je ne l'emploierai pas.

BERNARD - Je vous remercie.

RAYMOND - Je me suis trouvé dans des situations bien plus délicates au cours de ma carrière, et ce n'est jamais en employant la force que j'ai obtenu les meilleurs résultats.

BERNARD *(à Papy)* - Ah... vous voyez !

PAPY - Mais vous n'aviez affaire qu'à des gangsters ou à de vulgaires terroristes !... Avec ces gens-là, on peut discuter... On trouve toujours un terrain d'entente. Avec ma fille, vous êtes sûr d'échouer. Faut la défoncer.

BERNARD - Bon... d'accord... Peut-être avez-vous raison. Mais avant d'en venir à cette pénible extrémité, il y a certainement autre chose à tenter.

PAPY - Je ne crois pas.

BERNARD - Mais si... Réfléchissons... Qu'est-ce qu'on peut faire ?

PAPY - Boire un petit coup... parce que je suis désolé de vous le faire remarquer, mais depuis que Raymond est arrivé, personne n'a pensé à lui offrir un petit godet !

BERNARD - Vous avez raison. Papy. Le mieux en effet, est de faire ce que vous dites. Ça nous permettra de réfléchir et de faire le point. D'accord Raymond ?

RAYMOND - Si vous voulez.

BERNARD - Bien. Le whisky est là... Servez-vous. Je vais chercher de la glace. *(Il sort côté cuisine.)*

PAPY - Ah... quand même !... Un coup de pot qu'il n'y ait personne d'enfermé dans la cuisine ! Allez, gamin, fais le service, au lieu de rester paralysé sans rien dire, depuis un quart d'heure. *(Franck s'empare d'une bouteille et apporte les verres.)* Venez Raymond... Asseyez-vous... Un bon petit whisky, ça va vous remettre de bonne humeur !

RAYMOND - Je ne bois jamais d'alcool Papy !

PAPY - Vous avez tort. L'alcool... faut pas en abuser bien sûr... mais faut savoir en user. Ça ne peut pas faire de mal. *(Franck sert Papy.)* Eh ben ! Pourquoi tu t'arrêtes ?... T'as une crampe ?... Allez !... vas-y !... N'aies pas peur !... *(Franck remplit le verre à ras bord.)* Voilà. Comme ça c'est bien... *(Il le hume.)* Hmmm... Il sent rudement bon ! Qu'est-ce que c'est ?

FRANCK *(regardant l'étiquette)* - Chivas vingt ans d'âge.

PAPY - Ah ben... il ne se porte pas mal pour un jeunot ! Quand il en aura quatre-vingts comme moi... il fera un malheur ! Ah ! Ah ! Ah !

(Franck sert Raymond.)

73

RAYMOND - Juste une larme…

PAPY - Faut plus d'une larme pour faire passer un gros chagrin.

BERNARD *(il revient avec la glace)* - Voilà la glace.

PAPY - Ah… je ne sais où je vais la mettre… Allez… on va faire un peu de place… *(Il avale d'un seul coup la moitié de son verre.)* Voilà.

> *(Bernard lui met de la glace dans son verre.)*

PAPY - Allez… A la vôtre !… *(Ils trinquent tous les quatre.)* En espérant que ces dames auront la gentillesse de nous laisser quelques minutes de tranquillité supplémentaires, pour nous permettre de déguster ça en paix… Ah ! Ah ! Ah !

BERNARD - Ah non, Papy ! Ce que nous désirons, Raymond, Franck et moi, c'est qu'elles sortent le plus vite possible.

PAPY - Vous feriez mieux de savourer pleinement cet instant… et vous vous apercevrez que de temps en temps, on est rudement bien entre hommes… Vous ne trouvez pas ?

RAYMOND - C'est vrai… on n'est pas si mal que ça…

PAPY - On est très bien, vous voulez dire ! C'est pour ça que les Anglais, ils ne veulent pas de femmes dans leurs pubs… Pas même la mère TATCHER !… Ah… ils ne sont pas fous les Anglais ! Ah !… Ah !… Ah !… *(Un grand silence.)* Ça fait du bien, un peu de silence, vous ne trouvez pas ?

BERNARD - C'est vrai. Finalement, ça fait du bien.

PAPY - Et il Y aurait une petite danseuse nue devant nous, ce serait encore mieux, on pourrait se croire au Lido… Ah ! Ah ! Ah ! Seulement voilà… y'a pas de petite danseuse ! Alors si dans quinze minutes dernier délai, vos charmantes épouses ne sont pas sorties de leur tanière, nous partons dîner tranquillement tous les quatre. Hein! Mon petit Franck?

FRANCK - Non pas moi. Tant que je ne saurai pas pourquoi ma femme agit comme ça, j'aurai du mal à avaler quoi que ce soit!

PAPY - Ah bon. Alors si elle refuse de vous adresser la parole avant lundi, vous allez rester à jeun tout le week-end?

FRANCK - Non... bien sûr.

PAPY - Alors, autant commencer à manger tout de suite. Dès que nous serons partis, elles sortiront, elles parleront, elles réfléchiront, elles se calmeront, et tout ça pendant que nous nous taperons un bon gueuleton.

BERNARD - Vous avez raison... Je vais leur dire...

PAPY - C'est pas ça qui les fera sortir.

BERNARD - Sait-on jamais!... Michèle... Nous allons partir... dans quinze minutes exactement. *(Il va à la chambre de Michèle.)* Alors comme vous finirez par sortir... j'aimerais bien que ce soit toi qui le fasses la première. Montre-toi plus intelligente que ta mère et ta fille.

FRANCK - Annie. En sortant tout de suite, tu prouveras que tu es moins stupide que ta mère et ta grand-mère.

RAYMOND - Denise... C'est toi la plus âgée... Tu dois donner l'exemple en sortant la première. Tu seras moins ridicule que ta fille et ta petite fille.

PAPY - Alors là... on peut dire que vous avez tous les trois l'art d'envenimer les choses... Si elles avaient envisagé de sortir, vous les en avez dégoûtées à tout jamais.

RAYMOND - Après tout, qu'elles fassent ce qu'elles veulent! Si elles s'imaginent qu'elles vont nous gâcher la soirée elles se trompent. *(Il prend un verre que Papy était prêt d'avaler, et l'avale d'un coup.)* C'est de l'eau ça ??

Papy - Non… c'était ma vodka !

(Raymond s'étrangle, Bernard lui tape dans le dos.)

Bernard - Ça va mieux ?

Raymond - Oui… oui… merci… De temps en temps, ça ne peut pas faire de mal.

Papy - C'est ce que je disais tout à l'heure.!

Raymond - Oui. J'ai l'impression qu'on devrait vous écouter plus souvent.

Papy - Encore douze minutes. Vous êtes pressé maintenant ?

Raymond - Je voudrais surtout être parti d'ici avant de commencer à m'énerver… De quoi ai-je l'air devant vous et devant Franck ? Je suis désolé Papy… vous êtes vraiment mal tombé…

Papy - Ah non… Moi je trouve que je suis très bien tombé. Je n'aurais pas voulu rater ça… C'est plus drôle el vivre qu'à raconter, ce genre d'histoire… Ah ! Ah ! Ah !

Raymond - Heureusement que vous prenez les choses du bon côté.

Papy - Je ne serais pas arrivé el l'âge que j'ai, si je les avais prises du mauvais… et puis vous devriez commencer à avoir l'habitude, puisqu'il paraît qu'elle vous fait ce coup-là assez souvent !

Raymond - Oui, mais d'habitude, elle me répond, elle n'ouvre pas, mais elle parle… elle n'arrête pas… Là… rien… le silence complet… C'est ça le plus horripilant ! *(Il s'empare de la bouteille.)*

PAPY - Eh... doucement Raymond... *(Il lui reprend la bouteille.)* Je n'ai pas l'impression que vous soyez capable de tenir la jauge aussi bien que moi... Le petit en a plus besoin que vous. Allez Franck... buvez ça... ça vous donnera le courage de mettre le pied à l'étrier. *(Il le sert.)* Parce que vous n'avez vraiment pas l'air de vivre le plus beau jour de votre vie.

FRANCK - Je crois bien que c'est le plus triste... *(Il montre sa lettre qu'il tenait à la main et relisait.)* Comment a-t-elle pu m'écrire une chose pareille?

PAPY - Ça doit être héréditaire dans la famille d'envoyer des petites bafouilles... Faut vous préparer à en recevoir une tous les trois mois.

FRANCK - J'espère bien que ce sera la dernière...

PAPY - On peut toujours rêver... Et vous Bernard, vous aussi, vous avez droit à ce genre de... mot d'amour?

BERNARD - Jamais. Heureusement... je n'aurais pas supporté...

PAPY - Eh ben... ça a dû sauter une génération... Ah! Ah!... Ma femme... la dernière fois où elle s'est enfermée... quand je lui ai dit que j'allais défoncer la porte... elle m'a menacé de se jeter par la fenêtre. J'ai fait semblant de la croire... j'ai crié "Non"!... Je t'en supplie mon amour... ne fais pas ça... je m'en vais... J'ai reculé de quelques pas, comme si je partais... et d'un seul coup... vlan! Plus de porte... Mais comme elle avait déjà ouvert la fenêtre, je suis passé à travers et j'ai été m'écraser dans un massif de fleurs... Quand je suis remonté, elle était tellement heureuse de me voir couvert de chrysanthèmes plutôt qu'en dessous, qu'elle m'est tombée dans les bras et on n'a jamais mieux fait l'amour que ce jour là...

FRANCK - S'il suffisait de défoncer cette porte pour que ma femme me tombe dans les bras, je le ferais tout de suite...

PAPY - Ah… Attention ! Je ne garantis pas que ça marche à tous les coups… Mais avec moi ça a marché… alors, pourquoi pas vous ?

FRANCK - Oui mais la vôtre ne parlait pas de divorcer à ce moment-là ?

PAPY - Ah non. Ça c'est vrai. Pas à ce moment-là…

FRANCK - Alors qu'Annie… elle… c'est ce qu'elle veut…

RAYMOND *(légèrement ivre)* - Elle veut !!! Elle veut !!! Qu'est ce que ça veut dire ça… elle veut !!! Elle fera ce qu'on lui dira, cette morveuse… Non mais sans blague !

FRANCK - Vous allez m'aider ?

RAYMOND - Et comment que je vais vous aider ! Ne vous inquiétez pas… Bernard et moi, nous allons la ramener à la raison. Divorcer… et puis quoi encore ! Personne… vous m'entendez… PERSONNE n'a jamais divorcé dans notre famille !… C'est pas cette gamine qui va commencer !

PAPY - Vous avez raison… Faut faire ça dans l'ordre… Les vieux d'abord !

RAYMOND - Parfaitement !… Les vieux…!? Pourquoi dites-vous ça ?

PAPY - Qu'est-ce que j'ai dit ?

RAYMOND - Vous avez dit : "Les vieux d'abord". Pourquoi ?

PAPY - Ah oui… Parce que moi… je divorce.

RAYMOND - Quoi ! Qu'est-ce que vous dites ?

PAPY - C'est vrai… vous n'étiez pas là quand j'ai annoncé la nouvelle. Eh bien oui, parfaitement… Inutile de me regarder comme ça… je divorce.

RAYMOND *(à Bernard)* - C'est vrai ?

BERNARD - Eh oui... C'est la première chose qu'il nous a annoncée en arrivant. Nous en avons été aussi surpris que vous en ce moment.

RAYMOND - Papy... enfin Papy !!?!!?

PAPY - Quoi Papy... Qu'est-ce qu'il y a ?

RAYMOND *(il se sert à boire)* - C'est insensé !

PAPY - Eh ben... vous y prenez goût...

RAYMOND - C'est tellement incroyable ce que vous m'annoncez... j'ai besoin de ça pour me remettre les idées en place... Divorcer...! A votre âge !

PAPY - Ah non ! Vous n'allez pas vous aussi me parler de mon âge ! Je le connais mieux que vous... Et puis ce qui est décidé est décidé.

RAYMOND - Et vous avez décidé ça... comme ça... brusquement ?

PAPY - Oh non... Il y a longtemps que c'était dans l'air... Et ce n'était jamais moi qui en parlait le premier... toujours elle. Dès que quelquechose n'allait pas, j'avais droit à la petite phrase : "Si ça continue comme ça... je finirai par demander le divorce". Moi, je me contentais de répondre : "Eh bien d'accord... fais donc ça." Mais hier, j'étais un peu énervé... Alors, au lieu de lui répondre comme d'habitude "Fais donc ça", je lui ai dit : "Plutôt que de répéter tout le temps que tu finiras par demander le divorce, tu ferais mieux de commencer par le faire." Ça n'a pas traîné... Elle s'est levée et elle a ouvert la porte en disant : "Très bien. Je vais chercher un avocat." Et elle est partie en claquant la porte... Moi je ne m'inquiétais pas trop... c'est vrai... trouver un avocat en pleine nuit, au milieu des champs... Ça ne paraissait pas sérieux... Eh bien une heure après, elle est revenue en disant : "Ça y est. J'en ai trouvé un." Elle

79

avait fait du stop au bord de la route… et le premier type qui l'avait chargée, c'en était un !… Alors je me suis levé et j'ai dit : "Très bien. Demain, j'irai chercher le mien." Et ce matin, j'ai fait ma valise… Voilà.

RAYMOND - Incroyable !

PAPY - Mais c'est comme ça.

RAYMOND - Quelle journée ! Annie veut divorcer, vous aussi… Deux divorces dans la même famille le même jour… ça fait beaucoup !

BERNARD - Trois, pas deux ! Trois !

RAYMOND - Comment ! Vous aussi ?

BERNARD - Ah non… heureusement !

RAYMOND - Mais alors qui ?

BERNARD - Ben… vous…

RAYMOND - Qu'est-ce que vous racontez… Je n'ai pas l'intention de divorcer.

BERNARD - Vous non… Mais Mamy si.

RAYMOND - Pardon ?

BERNARD - Je dis - vous non… mais Mamy… si… Elle… elle veut.

RAYMOND - Elle vous l'a dit ?

BERNARD - Oui. Avant que Papy n'arrive.

PAPY - Eh ben… mes enfants… c'est une épidémie ! Ah ! Ah ! Ah !

RAYMOND - Bernard…

BERNARD - Oui Raymond…

RAYMOND - J'ai horreur de ce genre de plaisanterie.

BERNARD - Ah… mais je ne plaisante pas Raymond! Je vous jure qu'elle ne nous a parlé que de ça pendant une demi-heure.

RAYMOND - C'est vrai Papy?

PAPY - Ah… je ne sais pas. J'étais pas là. Je sais qu'elle est furieuse après vous. Mais ça, c'est un peu de ma faute… Mais je ne l'ai pas entendue parler de divorce.

RAYMOND - De votre faute!! Comment ça, de votre faute?

PAPY - Oui. Elle a appris que je vous avais prêté de l'argent. Je me suis bêtement trahi… Elle a piqué une colère épouvantable et c'est là qu'elle s'est enfern1ée. Voilà l'histoire.

BERNARD - Mais non Papy. Elle a parlé de divorce bien avant que vous ne parliez de l'argent. L'argent n'a été que la goutte d'eau qui a fait déborder le vase.

PAPY - Ah… eh bien tant mieux! Ça m'aurait ennuyé que ce soit à cause de moi… Je suis bien content.

RAYMOND - C'est pour ça qu'elle refuse de me parler?

BERNARD - Oui. Elle a décidé de ne plus vous adresser la parole qu'en présence de son avocat.

RAYMOND - Je rêve!… C'est pas possible!… Je vais me réveiller…

PAPY - Buvez un petit coup Raymond.

(Raymond boit machinalement.)

RAYMOND - Et elle vous a dit pourquoi?

BERNARD - Non. Enfin pas vraiment…

RAYMOND - Qu'est-ce que ça veut dire pas vraiment. Elle vous l'a dit ou elle ne vous l'a pas dit?

BERNARD - Elle nous a dit qu'elle vous soupçonnait d'avoir une liaison. Voilà. C'est tout ce que je sais !

RAYMOND - Une liaison !… Mais quelle liaison ? Avec qui ?

BERNARD - Ah mais je n'en sais rien moi. Elle devait nous donner tous les détails, toutes les preuves, pendant le dîner. Là-dessus Papy a débarqué, Annie et Franck ont suivi… et c'est vous qui avez fermé la marche. Voilà pourquoi je ne peux rien vous dire de plus.

RAYMOND - Mais c'est une infamie ! Je ne sortirai pas d'ici tant qu'elle ne les aura pas fournies, ses preuves… et je resterai là toute la nuit s'il le faut !

PAPY - Ah non ! On leur avait donné quinze minutes. Il en reste exactement huit. Dans huit minutes on s'en va. Vous l'avez promis !

RAYMOND - Mais enfin Papy !…

PAPY - Y'a pas de Papy ! On a dit qu'on partait, faut partir. Autrement elles vont s'imaginer que vous vous dégonflez. C'est ça que vous voulez ?

RAYMOND - Me dégonfler, moi ! Ah non ! Certainement pas !… *(Il est passablement ivre.)* Vous allez voir si je vais me dégonfler ! Elle veut prendre un avocat ?… Eh bien qu'elle le prenne !… On verra ce qu'il va plaider son avocat… Il ne trouvera rien… vous m'entendez RIEN !!! A part les coups et blessures. Parce que si elle ne s'explique pas immédiatement, je la défonce la porte, et je la cogne jusqu'à ce qu'elle ait dit ce qu'elle a à dire… Voilà !… Coups et blessures il pourra plaider… Mais rien d'autre. Où elle est la porte ?

BERNARD - Ah non ! Calmez-vous Raymond ! Dans l'état où vous êtes, vous ne pouvez rien défoncer du tout… Nous allons partir tranquillement dîner et demain…

RAYMOND - Non ! Pas demain !… Tout à l'heure. Quand on va rentrer… On va d'abord aller se saouler la gueule… et pis…

BERNARD - Oui… eh bien vous êtes déjà pas mal parti…

RAYMOND - Eh ben… vous n'avez encore rien vu!… Tiens, pour commencer! *(Il s'empare de la bouteille.)*

BERNARD - Ah non! Ça suffit comme ça Raymond! Asseyez-vous… Détendez-vous un petit peu… et arrêtez de boire sinon vous allez tomber malade.

RAYMOND - Malade! Mais je le suis malade! C'est tout ce que vous me racontez qui me rend malade… *(Il se dirige vers Franck en disant.)* Papy, Papy.

PAPY -… Eh… je suis là, Raymond!!!

RAYMOND - Papy?

PAPY - Oui mon petit Raymond…

RAYMOND - Vous me connaissez bien… hein… vous me connaissez bien?

PAPY - Bien sûr que je vous connais bien… Pourquoi me dites vous ça?

RAYMOND - Vous me voyez en train de faire ça?

PAPY - De faire quoi, mon petit Raymond?

RAYMOND - Ce que dit Denise… Vous me voyez en train de faire ça?

PAPY - Ah oui… très bien.

RAYMOND - C'est pas vrai! Vous aussi, vous m'accusez de la…

PAPY - Ah non, je ne vous accuse de rien du tout! Mais vous me demandez si je vous vois en train de… alors là… je vous dis oui. Un grand gaillard comme vous, dans la pleine force de l'âge… je vous vois bien en train de… comme vous dites… A jeun naturellement… parce que là…

Raymond - Jamais !… vous m'entendez Papy… jamais !

Papy - Jamais !

Raymond - JAMAIS. Je peux vous le jurer.

Papy - Eh ben… c'est ça qui est difficile à croire…

Raymond - C'est pourtant la vérité. Je suis comme vous, moi, Papy !

Papy - Comme moi ? ?

Raymond - Parfaitement.

Papy - Alors là, vous avez choisi le mauvais exemple.

Raymond - COMMENT ! Enfin, Papy… vous n'allez pas me dire…

Papy - Ah si, je vais vous le dire. Ce sont des choses qui ne vous regardent pas, mais puisque vous me prenez en exemple, je suis obligé de vous dire qu'il y a erreur sur la personne, parce que si vous n'avez jamais trompé votre femme, moi, j'ai passé mon temps à tromper la mienne. Alors, comparez-vous à qui vous voulez, mais surtout pas à moi !

Raymond - Ben ça alors !!!

Bernard - Et c'est la raison pour laquelle elle veut divorcer naturellement ?

Papy - Oh la la ! Pas du tout ! C'est pas pour ça… Elle n'était au courant de rien. Et puis ça fait bientôt deux ans que je me tiens tranquille… C'est vrai… en deux ans… pas ça ! *(Il fait claquer l'ongle de son pouce contre sa dent.)* Je ne sais pas pourquoi d'ailleurs… Un peu de fatigue peut-être…

Raymond - Oui… eh bien moi, je n'ai jamais trompé ma femme… Ça peut vous paraître bizarre, mais c'est comme ça !

PAPY - Alors là... je dois dire que vous m'épatez, mon petit Raymond. Vous n'avez jamais trompé ma fille ?

RAYMOND - Non. Jamais. Et je n'en ai même jamais eu envie.

PAPY - Eh bé... il aura fallu que je vienne à Paris pour entendre ça ! Je n'en reviens pas. Vous avez entendu ça Bernard ?

BERNARD - Oui... Je dois dire que c'est assez étonnant !

RAYMOND - Pourquoi ? Vous avez déjà trompé ma fille vous ?

BERNARD - Moi ? Ah mais non...

PAPY - Jamais ?

BERNARD - Mais non... enfin... pas vraiment...

RAYMOND - Qu'est-ce que ça veut dire "pas vraiment" ? Vous n'avez que ce mot-là à la bouche ! Vous l'avez trompée ou vous ne l'avez pas trompée ?

BERNARD - Mais non... enfin Raymond... Ce n'est vraiment pas le moment de parler de ça... hein Papy ?

PAPY - Moi je dis que ça ne regarde personne, ces histoires-là. Occupez-vous de ma fille, Raymond et laissez Bernard se débrouiller avec la vôtre, comme il laisse Franck se débrouiller avec la sienne...

BERNARD - Ça va mieux Raymond ? Vous allez pouvoir venir avec nous ?

RAYMOND - Bien sûr ! Pour qui me prenez-vous ? C'est pas une petite goutte de Vodsky... qui va... j'en ai vu d'autres... alors... on y va ?

BERNARD - Oui, dans cinq minutes.

RAYMOND - Faut leur dire... *(Il désigne les portes.)*

85

BERNARD - Mais elles le savent.

RAYMOND - Dites-leur une dernière fois…

BERNARD - Si vous voulez! *(Il se dirige vers la porte où est enfermée Annie.)* Michèle!!!

FRANCK *(qui est devant la porte de Michèle)* - Bernard!

BERNARD - Quoi?

FRANCK - C'est Annie qui est là?

BERNARD - Eh bien, reprenez votre porte mon vieux. *(Ils se croisent tous les deux, Bernard se retrouve devant la porte de Michèle.)* Michèle!!! *(Une lettre apparaît sous la porte, Bernard la ramasse.)* Qu'est-ce que c'est que ça?

PAPY - Ah… mais c'est votre petite bafouille. Vous étiez le seul à n'avoir encore rien reçu! Ah! Ah! Ah!

BERNARD *(il s'empare de la lettre et lit)* - Ah bravo!… Vous pouvez rigoler Papy! C'est à cause de vous ça!

PAPY - Quoi? Qu'est-ce que j'ai fait moi?

BERNARD - Ecoutez ça - "Bernard… Moi je ne t'ai jamais trompé. Tu expliqueras à mon avocat ce que "pas vraiment" veut dire. Bon appétit quand même… Michèle."

PAPY - C'est embêtant ça… Mais qu'est-ce que j'ai à voir là-dedans moi?

BERNARD - Comment! Mais si vous ne m'aviez pas demandé si j'avais déjà trompé ma femme…

PAPY - Ah pardon!… C'est Raymond qui vous l'a demandé. Pas moi.

BERNARD - Ah oui… c'est vrai… C'est vous Raymond.

RAYMOND - Mais si je vous ai demandé ça, c'est parce que vous aviez l'air tellement étonné que moi je n'aie jamais trompé la mienne...

BERNARD - Mais c'est pas moi qui avait l'air étonné... c'est Papy !

RAYMOND - Mais vous aussi !... Alors forcément, je vous ai posé la question. Vous n'aviez qu'à ne pas répondre "pas vraiment".

PAPY - C'est vrai. Fallait pas répondre "pas vraiment".

BERNARD - Mais vous Papy, vous auriez pu éviter de nous raconter toute votre vie conjugale.

PAPY - C'est vrai. Mais si Raymond ne m'avait pas pris en exemple, je ne vous aurais rien raconté du tout... Tout ça prouve qu'en certaines circonstances, il vaut mieux fermer sa gueule... je suis désolé.

BERNARD - Pas tant que moi... Et puis ça commence à bien faire...! Michèle... si dans trente secondes tu n'as pas ouvert cette porte... je la défonce ! Trente secondes ! Pas une de plus !

PAPY - C'est trop !!

BERNARD - Papy, foutez-moi la paix ! C'est vous qui avez raison. C'est certain maintenant. Mais laissez-moi au moins le soin de décider a quel moment je vais la défoncer, cette porte !

PAPY - Vous faites comme voulez... Je vous signale simplement que c'est une erreur de donner un délai.

BERNARD - Ah bon ? Et pourquoi ?

PAPY - Parce que, quand on traîne... la colère tombe... on perd ses forces, et au lieu de défoncer la porte, on se défonce l'épaule. Voilà.

BERNARD - C'est ce qu'on va voir !

RAYMOND - Non ! attendez ! Ne faites pas ça Bernard !

BERNARD - Et pourquoi je ne le ferais pas, hein ? Vous voulez me le dire ! C'est ma femme qui est enfermée là-dedans… pas la vôtre ! J'en ai marre de passer pour un con dans ma propre maison moi !…

RAYMOND - Mais je suis exactement dans la même situation que vous !

BERNARD - Eh bien, c'est que ça vous amuse de passer pour un con. C'est tout.

RAYMOND - Mais pas du tout, seulement…

BERNARD - Seulement quoi ? Occupez-vous de cette porte… c'est la vôtre. Franck a la sienne… Foutez-moi la paix avec la mienne !

RAYMOND - Si vous faites ça, je sors d'ici immédiatement.

BERNARD - Ah mais non ! Pas question ! Ça vous concerne tout ça ! Que vous le vouliez ou non, toute votre famille est rassemblée ici. Ça ne se voit pas comme ça au premier coup d'œil… mais elle est là votre famille… alors vous allez rester.

RAYMOND *(criant plus fort que Bernard)* - Si vous voulez que je reste, commencez par vous calmer, s'il vous plait !

(Bernard se tait, subjugué par le ton de Raymond.)

PAPY - Ah ah ! Le flic reprend le dessus !!!

RAYMOND - Vous aussi Papy. S'il vous plaît.

PAPY - Ah bon d'accord… S'il y a des dragées pour tout le monde… j'obéis…

(silence général.)

RAYMOND - Voilà… J'aime mieux ça…

(Re-silence général.)

PAPY *(il lève timidement le doigt, comme un élève à l'école)* - M'sieur !

RAYMOND - Qu'est-ce qu'il y a Papy ?

PAPY - Plus que trois minutes.

RAYMOND - Et alors ?

PAPY - Ben... on avait dit...

RAYMOND - Je sais ce qu'on avait dit. Eh bien, on attendra encore ces trois minutes si vous n'y voyez pas d'inconvénient.

PAPY - Ah non... je suis d'accord.

RAYMOND - Alors, c'est parfait. Je suis désolé d'élever la voix, mais j'ai l'impression qu'il était temps que quelqu'un reprenne la situation en main. Voilà qui est fait.

PAPY - Eh ben dites donc... l'alcool a un curieux effet sur vous. D'abord il vous abat, et tout de suite après, ça vous redresse complètement.

RAYMOND - A propos d'alcool... j'en reprendrais bien une petite goutte.

PAPY *(empressé)* - Avec plaisir, Chef... Tout de suite Chef... Voilà Chef...

RAYMOND - Et puis arrêtez de m'appeler Chef... Ça m'énerve.

PAPY - Bien Chef...

RAYMOND - Vous êtes frais, Franck ?

FRANCK - Pardon ?

RAYMOND - Vous êtes prêt, Franck ?

FRANCK - Oui... mais...

RAYMOND - Mais quoi ?

FRANCK - Nous allons revenir ici après ?

RAYMOND - Bien sûr que vous allez revenir ici. Vous êtes chez vous. Hein Bernard ?

BERNARD - Evidemment. Quelle question !

RAYMOND - Pourquoi demandez-vous ça ?

FRANCK - C'est pour savoir… Qu'est-ce que nous ferons si elles sont toujours enfermées ?

RAYMOND - Rassurez-vous… A peine aurions-nous franchi cette porte, elles vont sortir comme une volée de moineaux !

BERNARD - Oh oui. J'en suis sûr aussi. Elles n'attendent que ça !

FRANCK - Oui, mais quand elles vont nous entendre revenir, vous n'avez pas peur qu'elles se renferment à nouveau ?

RAYMOND - Mais non… et dans le cas où elle le feraient, je vous promets qu'à ce moment-là, nous emploierons la méthode de Papy… N'est-ce pas Bernard ?

BERNARD - Ah oui ! Comptez sur moi.

RAYMOND - Ces trois portes voleront en éclats, je vous en donne ma parole.

FRANCK - Je ne pourrai jamais faire une chose pareille ! J'ai horreur de la violence.

RAYMOND - Alors, on le fera pour vous… et ensuite on vous laissera vous débrouiller avec elle. Mais il ne faudra pas discuter sans lui avoir administré d'abord une bonne fessée… C'est tout ce qu'elle mérite.

FRANCK - Non… Je ne pourrais pas la frapper. Vous oubliez qu'elle attend un enfant !

BERNARD - Mais non !

FRANCK - Mais si !

BERNARD - Mais non... elle n'en veut plus.

FRANCK - QU'EST-CE QUE VOUS DITES !!

PAPY - Encore une bonne occasion perdue de fermer sa gueule.

FRANCK - Elle n'en veut plus ?

BERNARD - Eh non...

FRANCK - Elle vous l'a dit ??

BERNARD - Mais oui...

FRANCK *(hurlant)* - QUAND ?

PAPY *(qui regardait sa montre)* - TRENTE secondes...

FRANCK - Taisez-vous !

PAPY - Mais il faut partir maintenant !

FRANCK - Partir ! Mais il n'en est pas question !

PAPY ET RAYMOND - Allons bon... c'est reparti... On ne part plus...

FRANCK - Partez si vous voulez. Moi je ne bougerai pas d'ici. C'est moi qui vais l'empêcher de sortir si elle fait quoi que ce soit pour attenter à la vie de mon fils... C'est mon fils... vous comprenez ce que ça veut dire ?

BERNARD - Mais oui Franck. Bien sûr que nous comprenons.

FRANCK - Si elle touche à mon gosse !!!

RAYMOND - Mais elle ne le fera pas...

FRANCK - Mais elle vous l'a dit !

BERNARD - Mais elle changera certainement d'idée.

RAYMOND - Bien sûr qu'elle changera d'idée… on l'y forcera au besoin… hein Papy ?

PAPY - Et comment ! Si ce petit veut garder son petit… c'est pas cette petite qui va… non mais sans blague…! Faudrait savoir qui commande… On est tous les trois avec vous dans cette affaire… Elle vous le fera de force s'il le faut, votre gamin… Et si jamais c'est une fille, faudra vite vous remettre au boulot. Parce que j'ai l'impression que vous avez particulièrement envie d'un garçon vous ! Hein ? ! Allez !… Faut y aller maintenant.

FRANCK - Non… non… Papy… Excusez-moi… Je ne peux pas. Si jamais elle profitait de mon absence pour…

BERNARD - Pour quoi ? Vous n'imaginez quand même pas qu'elle va aller se faire avorter en pleine nuit, non ! Soyez raisonnable.

FRANCK - Mais elle peut s'enfuir… aller se réfugier chez des amis… le temps de… Non. Je ne bougerai pas d'ici. Partez sans moi. Laissez-moi… J'ai besoin d'être seul… de réfléchir… de lui parler.

BERNARD - Mais elle n'ouvrira pas, Franck.

FRANCK - Mais quand je serai seul avec elle, elle m'écoutera. Je trouverai les mots qu'il faut lui dire, qui la toucheront… Je lui dirai qu'elle n'a pas le droit de faire ça… que c'est un crime… qu'elle va tuer quelque chose qui est déjà vivant… que cette vie, nous en sommes responsables tous les deux… et que moi je ne veux pas la détruire, et que je ferai tout ce qui est en mon pouvoir pour l'empêcher de faire ça. Je veux qu'il vive, vous comprenez, qu'il vive !…

BERNARD - Mais c'est à elle qu'il faut dire ça, Franck… pas à nous.

FRANCK *(il se lève brusquement)* - Mais c'est à elle que je le dis… *(Il va à la porte de la chambre.)* Tu entends Annie… Si tu ne veux plus de cet enfant, il faut que tu aies le courage de me le dire en face. Pas en te cachant derrière une porte… et pas dans une heure, mais tout de suite. Parce que je n'en peux plus moi!… Fais attention Annie… Tu ne m'as encore jamais vu en colère… Je suis terrible dans ces cas-là… et je sens que ça vient!… *(Il crie.)* Ouvre cette porte immédiatement, autrement je casse tout!!!

BERNARD - Non!… Attendez Franck! Calmez-vous!

FRANCK - Non! Je n'attendrai plus et je ne me calmerai pas. Laissez-moi tous les deux… Occupez-vous de vos bonnes femmes et foutez-moi la paix avec la mienne. Tant pis pour toi Annie! Tu l'auras voulu!…

(Il recule pour prendre son élan. Raymond et Bernard se précipitent pour le ceinturer. Il leur échappe. Raymond et Bernard hurlent :)

BERNARD ET RAYMOND - Attention Annie! Ouvre vite! On ne peut plus le tenir!

(On entend la voix d'Annie, affolée qui crie - "Non! Franck!… Ne fais pas ça!… J'ouvre!… " Ce qu'elle fait… mais trop tard. Franck, emporté par son élan, est projeté à l'intérieur de la chambre. Deux secondes de silence. Hurlement d'Annie et énorme bruit de vitre brisée à l'intérieur de la chambre. Raymond et Bernard se précipitent dans la chambre, suivis de Denise et de Michèle qui, en entendant le bruit plus les cris d'Annie et des deux hommes, ont fini par sortir. Tout le monde s'engouffre dans la pièce. Papy ferme la marche.)

PAPY *(en sortant)* - Je savais bien qu'ils finiraient par l'employer, ma méthode!!!

(La scène reste vide quelques instants, mais on entend ce qui se passe en coulisses.)

ANNIE - Aidez-moi !… Vite !… il s'est coupé la gorge…

RAYMOND - Mais non !… C'est une estafilade.

BERNARD - Il faut l'allonger… il s'est assommé.

DENISE - Pas sur le lit ! Il y a du verre partout…

MICHÈLE - Dans le salon ! Transportez-le dans le salon !!

BERNARD - Mais non !… Laissez-nous faire Papy… il est trop lourd pour vous… Raymond, aidez-moi !…

DENISE *(elle entre et se dirige vers le téléphone)* - Il faut appeler un médecin tout de suite. Il est évanoui.

MICHÈLE *(elle part dans sa chambre)* - De l'alcool !… de l'alcool d'abord. Je vais chercher la pharmacie…

BERNARD *(il entre avec Raymond, ils transportent Franck, ils l'allongent sur le canapé)* - C'est ça… dépêche-toi… Poussez-vous Papy… vous nous gênez… Allez… par ici…

RAYMOND - Denise… Apporte un oreiller.

DENISE - Voilà… tout de suite.

BERNARD - Annie !… Cesse de hurler comme ça… rends-toi utile… Va lui chercher un verre d'eau…

PAPY - Vite !… un petit verre d'alcool… Ça ne peut pas faire de mal… *(Et il l'avale.)*

BERNARD - Michèle !… tu te dépêches ?…

MICHÈLE - Mais je suis là…

BERNARD - Ah passe-moi ça…

MICHÈLE - Mais non, laisse-moi faire…

ANNIE - Franck !… Franck !… Parle-moi !

BERNARD - Mais tu ne vois donc pas qu'il est dans les pommes !...
Attends un petit peu...

RAYMOND - Poussez-vous ! Il a besoin d'air.

MICHÈLE - Oui... écartez-vous... je ne vois pas ce que je fais.

DENISE - Tu crois que c'est grave ?

MICHÈLE - Non... juste une petite coupure au front. Je vais
désinfecter ça tout de suite. Passe-moi l'alcool... *(Elle lui applique
un coton imbibé d'alcool sur le front.)*

DENISE - Voilà... Tu es sûre qu'il ne faut pas appeler un médecin ?...

FRANCK - Aïe !...

MICHÈLE - Non... ça va... Il revient à lui.

ANNIE - Franck... c'est moi...

DENISE - Mais laisse-le tranquille... voyons. Il faut qu'il
récupère !... Attendez... Franck... c'est nous. C'est la famille.

FRANCK - Ça pique...

MICHÈLE - C'est rien... c'est l'alcool.

PAPY - Eh oui... l'alcool... rien de tel pour réveiller un mort...
Une petite goutte Franck ?... *(Il lui tend son verre.)*

FRANCK - Non... merci...

PAPY - Ah bon... *(Et il l'avale.)*

FRANCK - Qu'est-ce qui m'est arrivé ?

DENISE - Vous avez failli passer par la fenêtre... Heureusement
qu'elle n'était pas ouverte !

FRANCK - Mais pourquoi j'ai fait ça. *(Il essaie de se redresser.)*

95

MICHÈLE - Non… ne bougez pas… pas encore… Il faut vous reposer un peu… On ne sait jamais…

FRANCK - Où est… Où est ma femme ?

BERNARD - Elle est là Franck… Vous avez réussi…

FRANCK - Qu'est-ce que j'ai réussi ?

BERNARD - A la faire sortir…

PAPY - C'est grâce à ma méthode ça !

(Franck se redresse.)

FRANCK - Oh la la !… Ça tourne !…

MICHÈLE - Je vous avais dit de ne pas bouger. Vous voulez boire quelque chose ?

FRANCK - Oui. Je crois qu'un peu d'alcool me ferait du bien.

PAPY - Faudrait savoir… *(Il prépare un nouveau verre pour Franck.)* Tenez… et ne vous inquiétez pas… si vous ne pouvez pas le finir, je suis derrière vous.

(Franck boit lentement. Il pose le verre sur la table basse.)
BERNARD -Là… Ça va mieux ?

FRANCK - Oui… Ça y est… Je me souviens… *(Il regarde tout le monde. Son regard s'arrête sur Annie qu'il regarde longuement.)*

ANNIE - Franck…

FRANCK - Tais-toi. Va m'attendre dans la chambre.

ANNIE - Mais…

FRANCK *(plus fort et avec beaucoup d'autorité)* - Va m'attendre dans la chambre !

ANNIE - Oui Franck.

(Elle sort lentement dans le silence le plus total. Franck se lève et lentement, il ôte sa ceinture.)

MICHÈLE - Franck... Qu'est-ce que vous faites? Vous n'allez pas vous déshabiller ici?

FRANCK - Michèle...

MICHÈLE - Oui Franck?

FRANCK - Depuis que vous me connaissez, est-ce que je vous ai jamais demandé quelque chose?

MICHÈLE - Jamais Franck. ça... je dois dire... jamais. Pourquoi?

FRANCK - Parce qu'aujourd'hui, je vais vous demander quelque chose...

MICHÈLE - Tout ce que vous voudrez Franck... Allez-y... Qu'est ce que voulez?

FRANCK - J'ai un problème à régler avec votre fille et je vais le régler à ma manière. *(Il tient sa ceinture à la main.)*

MICHÈLE - Mais Franck.

FRANCK - Alors, je vous demande de ne pas intervenir. En un mot : foutez-moi la paix.

MICHÈLE - Franck!

FRANCK - Foutez-moi la paix. Taisez-vous! Vous aussi... vous aussi... et vous aussi.

BERNARD - Ah... mais nous, on ne dit rien... on vous laisse faire... N'est-ce pas Raymond?

RAYMOND - Non... je ne suis pas d'accord, et j'estime...

FRANCK *(très viril et presque menaçant)* - Vous estimez quoi?

97

Raymond - J'estime… que nous n'avons pas à nous mêler de ça… Voilà !… Faites ce que vous voulez…

Franck - Parfait. Vous pouvez tous aller dîner. Bonsoir. *(Il entre dans la chambre et referme la porte à clef. Tout le monde est paralysé et écoute ce qu'il se passe dans la chambre.)*

Annie - Franck… écoute-moi…

Franck - Déshabille-toi.

Annie - Non Franck… ne fais pas ça…

Franck - Déshabille-toi, je te dis.

Michèle - Mais il devient fou !

Denise - Il va la fouetter : il faut l'en empêcher. Raymond !

Michèle - Bernard !… Fais quelque chose !…

Bernard - Qu'est-ce que vous voulez qu'on fasse ! Il s'est enfermé !

Michèle - Eh bien… défoncez la porte !…

Bernard - Certainement pas !

Michèle - Tu refuses de secourir ta fille ? !

Bernard - Parfaitement ! Qu'elle se débrouille !

Michèle - Mais tu es un monstre ! Papa, fais quelque chose !…

Raymond - Si son père ne veut pas intervenir, ce n'est pas à moi à le faire !

VOIX OFF:

Franck - Attends !… Je vais t'aider moi… Tiens ! Voilà ce que j'en fais de ta robe !…

ANNIE - NOON... Franck!... Arrête!...

MICHÈLE - Papy? Qu'est-ce qu'on peut faire?

PAPY - Faut lui foutre la paix! C'est la suite de ma méthode!!

MICHÈLE *(on entend les cris d'Annie)* - Mais il va la tuer!... Bernard, si tu n'interviens pas, je te préviens, j'appelle la police.

BERNARD - Eh bien, fais-le! Qu'est-ce que tu attends! Mais tu t'expliqueras avec eux. Moi je n'ai rien à voir là dedans... Bonsoir... *(Et il s'enferme dans la chambre.)*

MICHÈLE - Salaud! Papa... je t'en supplie...

DENISE - Raymond! Raymond... tu entends!... Fais quelque chose... Tu ne vas pas te laisser impressionner par ce gamin!... Conduis-toi comme un homme!...

RAYMOND - Désolé... mais je ne suis pas celui qu'il vous faut. Bonsoir. *(Et il s'enferme dans le bureau.)*

DENISE - Raymond!...

PAPY - Et ça recommence!... Encore trois portes à défoncer.

(Les deux femmes ensemble.)

DENISE - Raymond... tu n'as pas le droit de laisser faire chose pareille. C'est de ta petite fille qu'il s'agit. Tu dois la défendre, et même s'il s'agissait de quelqu'un d'autre, tu dois intervenir. C'est ton métier... Ah!... c'est facile de raconter ses exploits et de se faire passer pour un superman! Si tu n'es pas capable de défendre une enfant qui est en train de se faire violer, je me demande ce que tu avais l'intention de raconter dans tes mémoires. Ça ne devait pas être passionnant et ça ne m'étonne pas que toutes les maisons d'édition t'aient refusé! Il est beau le héros! Qu'est-ce que tu attends?... Qu'il l'ait tuée?... C'est ce que tu veux! Mais enfin, tu n'entends pas ce qui se passe? Ecoute!...

Michèle - Bernard… Je te préviens - si Franck touche un seul cheveu de ma fille, il ne sortira pas vivant de cette maison. Je suis sa mère… tu entends !… et je ne permettrai pas qu'un petit salaud touche à la chair de ma chair… Si tu ne sors pas immédiatement pour arrêter ça, ça va se terminer très mal… Je t'en supplie… Bernard… Fais quelque chose. Je suis prête à oublier ce que tu as dit tout à l'heure… Nous en parlerons tranquillement… mais viens tout de suite défendre ta fille. Ce n'est pas possible que tu restes indifférent à ces cris… Tu ne vas pas attendre qu'il l'ait tuée ! Mais enfin… tu entends pas ce qui se passe !… Ecoute !…

(Mais on n'entend plus rien. Un grand silence règne dans la chambre de Franck et Annie… Quelques gémissements féminins se font entendre… un grand cri d'Annie.)

Annie - Ah… Ah… Franck !… Franck !

Papy - Alors ! Elle est pas chouette ma méthode ? Voilà je crois un problème de réglé. *(Les deux femmes regardent Papy.)* Qu'est-ce qu'il y a ! Le son ne vous suffit pas ! Il vous faut aussi l'image !…

Denise - Ça devient gênant.

Michèle - Oui… je dois dire… Ils pourraient avoir un peu de pudeur quand même…

Papy - C'est l'inconvénient de partager le même appartement.

Michèle - Oui… bien sûr… mais d'habitude… enfin, depuis qu'ils habitent ici, ils ne nous ont pas habitués à ça… On ne les entendait pas !

(Gémissements d'Annie.)

Papy - Maintenant on les entend très bien. C'est la preuve qu'il y avait quelque chose qui clochait. Je suis sûr que maintenant, elle n'a plus du tout l'intention de divorcer.

Michèle - Espérons-le...

Papy - Et si vous suiviez son exemple, ça me ferait bien plaisir.

Denise - Papa... si tu ne veux pas que je me mêle de ta vie privée, sois gentil de ne pas te mêler de la mienne...

Papy - Bon... d'accord... mais tu pourrais au moins t'expliquer avec ton mari.

Denise - C'est à lui de s'expliquer... Pas à moi.

Papy - Mais comment veux-tu qu'il le fasse si tu refuses de l'entendre!...

Denise - Pour n'entendre que des mensonges, ce n'est pas la peine! Je te dis qu'il a une maîtresse... Je l'ai vue, de mes yeux vue!

Papy - Où? Quand? A quelle heure?

Denise - Aujourd'hui, à midi, au coin de la rue. Il l'embrassait comme un fou devant tout le monde et il est parti dans sa voiture.

Papy - Et tu n'es pas intervenue?

Denise - Mais tu ne te rends pas compte du choc que j'ai reçu! Je revenais de faire les courses quand je l'ai aperçu courant sur le trottoir d'en face. Ça m'a intriguée... J'allais traverser pour lui demander ce qui se passait au moment où il s'est arrêté près d'une fille qui, visiblement, l'attendait devant une voiture. Ils ont discuté quelques secondes, et d'un seul coup, il s'est mis à l'embrasser comme un fou... J'allais réagir... mais ils se sont engouffrés tous les deux dans la voiture qui a démarré aussitôt. J'étais pétrifiée! Et puis moi aussi je me suis mise à courir pour rentrer à la maison. Je ne voulais pas que les gens me voient pleurer dans la rue... Maintenant, si tu ne me crois pas, tant pis, mais moi je l'ai vu. Tu entends Raymond! Je vous ai vus!... Alors, tu ferais mieux de sortir et de tout avouer... Qu'est-ce que c'est que ça? *(Elle a aperçu une enveloppe que Raymond vient de glisser sous la porte du bureau.)*

Papy - Eh… c'est ta petite bafouille. Chacun son tour…

Denise *(lisant l'enveloppe)* - C'est pour toi Papa!!

Papy - Pour moi?

Denise - Oui… il a écrit "pour Papy". Regarde. *(Elle tend la lettre à Michèle qui commence à l'ouvrir.)*

Papy - Non mais dite donc… Ça ne vous gêne pas trop toutes les deux de lire mon courrier. *(Il arrache la lettre des mains de Michèle.)*Non mais sans blague! Pas encore gâteux, le vieux. On s'assied, et on se tait… *(Il regarde l'enveloppe.)* Il aurait quand même pu mettre un timbre, enfin… *(Il s'est assis sur le canapé avec Denise à sa droite et Michèle à sa gauche.)*

Denise - Qu'est-ce qu'il te dit?

Papy - Tu permets oui!… Voyons voir… Tiens… c'est mon chèque!

Denise - Ton chèque?

Papy - Oui… Oh… et puis il yen a un autre??

Denise - Qu'est-ce que ça veut dire?

Papy *(montrant le premier chèque)* - Celui-là, c'est celui que je lui ai envoyé le mois dernier… pour son livre.

Denise - Quel livre?

Papy - Celui qu'il a écrit, et où il raconte tous les souvenirs de ses trente années passées à l'Elysée. C'est pour se faire éditer qu'il m'a emprunté cette somme, et pas pour une fille… Tu n'étais pas au courant que ton mari écrivait ses mémoires?

Denise - Si. il m'en avait même lu quelques passages, mais j'ai trouvé ça sans intérêt.

PAPY - C'est la raison pour laquelle il ne t'en a plus jamais parlé. Mais il a continué à écrire, et une fois terminé, il a envoyé son manuscrit à plusieurs éditeurs qui le lui ont tous refusé.

DENISE - Ça ne m'étonne pas ! C'était sans intérêt je te dis...

PAPY - Je ne suis pas de ton avis. La dernière fois que vous êtes venus à la maison, nous sommes partis nous balader tous les deux. Il m'en a lu plusieurs chapitres. J'ai trouvé ça passionnant et je lui ai prêté une partie de l'argent nécessaire pour qu'il puisse se faire éditer à compte d'auteur.

DENISE - Ça veut dire quoi ça, à compte d'auteur ?

PAPY - A ses frais, si tu préfères.

DENISE - Tu veux dire aux tiens...

PAPY - En partie seulement. Il mettait toutes ses économies dans cette affaire. C'est pour ça qu'il ne t'en parlait pas...

DENISE - Ça... tu peux être sûr que je l'en aurais empêché... il va tout perdre, et toi tu ne reverras jamais ton argent !...

PAPY - Mais il est là mon argent ! Tu vois bien qu'il m'a rendu mon chèque. Je me demande bien pourquoi ? *(Il regarde le deuxième chèque.)*

DENISE - C'est facile à comprendre... il a relu ce qu'il avait écrit, il s'est aperçu que c'était sans aucun intérêt, et il a renoncé à te faire perdre tes sous...

PAPY *(il montre le deuxième chèque)* - ça... pour m'en perdre, il va m'en faire perdre...

DENISE - Qu'est-ce que tu veux dire ?

PAPY - Regarde toi-même... Un chèque de 50.000 francs avec un petit mot : "A valoir sur vos futurs droits d'auteur. Bien à vous. Robert Laffont."

103

DENISE - Mais… c'est impossible… Qu'est-ce que ça veut dire ?

PAPY - C'est facile à deviner : il a reçu une réponse favorable qu'il n'attendait plus. Et comme les Editions Laffont s'occupent de lui, il n'a plus besoin d'investir ni son argent, ni le mien. Voilà.

MICHÈLE - Mais c'est fantastique !… Maman… tu te rends compte !…

DENISE - Moi, je dis que c'est sûrement une blague…

MICHÈLE - Ça n'en a pas l'air Maman. Regarde…! ! 50.000 francs !!!

DENISE - Et qu'est-ce qui prouve qu'il est approvisionné, ce chèque… hein ?

PAPY - Oh la la !… Et qu'est-ce qui prouve que tu es vraiment ma fille… hein ?

DENISE - Moi… tant que je ne l'aurai pas vu en vitrine de la librairie son bouquin, je n'y croirai pas.

PAPY - Eh bien, ça risque d'arriver plus tôt que tu ne le penses… il faut te préparer à devenir la femme d'un écrivain célèbre, ma petite fille…

DENISE - Ça n'est pas moi qui en profiterai Papa, il ira se pavaner avec sa dernière conquête. Voilà ce qui va arriver.

PAPY - On va éclaircir cette histoire tout de suite. *(Il se lève et va à la porte du bureau.)* Mon petit Raymond… ce qui vous arrive est magnifique ! C'est presque un conte de fées… et je suis très heureux pour vous. Mais j'aimerais bien que vous sortiez de ce bureau pour que je puisse vous féliciter. Je n'ai pas l'habitude de parler à travers les portes moi… et je crois que vous connaissez ma méthode… Alors attention ! ne m'obligez pas à l'employer… Vous ne sortez pas !… Tant pis pour vous… Ah… soyez gentil… fermez bien la fenêtre… *(Il recule pour prendre son élan.)*

DENISE - Papa !... tu es fou !... tu vas te faire mal !

MICHÈLE - Papy !!!... arrête !... tu n'as plus l'âge de faire ça !

PAPY - Mais voulez-vous me lâcher !... Quand je dis quelque chose, je le fais...

DENISE - Papa, je t'en supplie !!!!!!

MICHÈLE - Papy...!!!!!!

PAPY - Mais voulez-vous dégager de là, vous me gênez !...

DENISE - Il est fou !... Bernard, venez nous aider !!! Au secours !...

(La porte du bureau s'ouvre.)

RAYMOND - Arrêtez Papy, je sors...

PAPY - Ah... Quand même !... Il était temps... Je n'aurais pas hésité, vous savez...

RAYMOND - Oui, je sais. Je commence à vous connaître...

PAPY - Parfait. Alors maintenant, asseyez-vous et racontez-nous ce qui vous arrive.

RAYMOND - Mais vous avez tout deviné Papy. J'avais effectivement envoyé mon manuscrit chez Laffont, comme chez tant d'autres, mais lui ne m'avait même pas répondu. Ce matin, je reçois un coup de fil me disant qu'il désire me rencontrer le plus vite possible et que, si je suis libre, une voiture peut venir me chercher à mon domicile. J'ai accepté. Quand je suis arrivé, la voiture était déjà là, et une charmante jeune femme m'attendait devant. Voyant mon incrédulité, elle m'a tendu ce chèque pour me prouver que je ne rêvais pas. Je dois dire qu'elle était ravissante et que j'ai pris un grand plaisir à l'embrasser avant de monter dans la voiture. Voilà Papy, tout ça, c'est grâce à vous.

Papy - Mais non, puisque vous n'avez pas eu besoin de mon argent…

Raymond - Oui, mais si vous ne m'aviez pas encouragé comme vous l'avez fait, j'aurais abandonné et je n'aurais pas aujourd'hui le plaisir d'offrir à ma femme ce petit cadeau… *(Il tend une enveloppe ouverte qui contient un nombre impressionnant de billets d'avion.)*

Papy - Qu'est-ce que c'est que tous ces billets ?

Raymond - Ils sont à destination de tous les pays que j'ai parcourus pendant trente ans. Je n'étais pas souvent à la maison, et je n'ai donc été ni un très bon mari, ni un très bon père, mais j'avais la chance d'avoir une femme merveilleuse, qui ne se plaignait jamais, et qui à chacun de mes retours, m'accueillait d'une façon extraordinaire. Et je lui promettais toujours que dès que je serais à la retraite, je ne m'occuperais plus que d'elle. Je n'ai pas tenu ma parole. Je crois qu'il est temps de réparer cette erreur.

Denise - Raymond !!!

Raymond - Non… ne dis rien… tais-toi…

Denise - Non, toi tais-toi et écoute-moi… J'ai toujours eu confiance en toi Raymond, mais depuis des mois, tu t'enfermais dans ton bureau… j'avais la désagréable impression que tu me cachais quelque chose…

Raymond - C'était mon manuscrit… comme tu n'y croyais pas.

Denise - Je sais… J'ai eu tort, et je t'en demande pardon… Mais quand je t'ai vu te jeter dans les bras de cette fille… j'ai vraiment cru que c'était à cause d'elle que tu t'enfermais… Tu comprends ?

Raymond - Mais oui… je comprends…

Denise - Si tu savais comme ça m'a fait mal Raymond…

Raymond - Je sais…

Denise - Mais non, tu ne sais pas. Et si j'étais prête à quitter la maison, ce n'était pas pour t'embêter, mais pour te laisser une chance d'être heureux avec quelqu'un d'autre, si tu ne l'étais plus avec moi... Tu comprends... tu répètes tout le temps qu'aimer c'est préférer l'autre... et bien j'ai découvert que je t'aimais vraiment puisque j'étais prête à sacrifier mon bonheur, pour sauver le tien... *(Elle pleure doucement.)*

Raymond - Ma Denise... tu es merveilleuse... Hein! elle est merveilleuse.

Papy - Oui... mais c'est pas une raison pour chialer comme ça... C'est bien les femmes ça! Toujours la larme à l'œil.

Raymond - Excusez-nous quelques secondes Papy... Le temps de sécher ses larmes...

Papy - Mais oui faites donc... Allez me faire sécher ça!

Raymond - Viens ma Denise... *(Il l'entraîne vers le bureau.)*

Papy - Ah... elle ne changera jamais ta mère... On la croit solide comme un roc et au premier choc, elle s'effondre... Elle tient ça de sa mère... parce que moi... rien ne m'a jamais fait craquer... Peut-être que je n'ai pas de cœur, qu'est-ce que tu en penses?

Michèle *(ailleurs)* - Je ne sais pas Papy...

Papy - Qu'est-ce qu'il y a? Tu n'es pas contente de voir tes parents réconciliés...

Michèle - Mais si Papy... bien sûr... elle a plus de chance que moi Maman...

Papy - Ah non... tu ne vas pas t'y mettre toi aussi... Tu as un mari formidable...

Michèle - Formidable... tu trouves... Après ce qu'il a dit tout à l'heure.

Papy - Qu'est-ce qu'il a dit ?

Michèle - Qu'il m'avait trompée !

Papy - Mais qu'est-ce que tu racontes… Il n'a jamais dit ça…

Michèle - Mais si…

Papy - On va éclaircir ça tout de suite… *(Il va à la porte.)* Bernard… venez vous expliquer avec ma petite fille… Si vous ne sortez pas immédiatement, je vais employer ma méthode… vous la connaissez… vous ne sortez pas. Tant pis pour vous… *(Il recule pour défoncer la porte.)*

Michèle - Non Papy… Arrête… Laisse-le il n'en vaut pas la peine.

Papy - Ah toi… tais-toi, s'il te plaît. Laisse-moi régler ça à ma manière… Attention Bernard j'arrive.

Raymond *(sortant du bureau)* - Qu'est-ce qui se passe ! Ah non… vous n'allez pas recommencer Papy…

Papy - Ah vous le flic, foutez-moi la paix…

Raymond - Non… je vous interdis…

Papy - Poussez-vous je vous dis…

Raymond - Bernard… sortez… je ne peux plus le tenir…

(La porte de la chambre s'ouvre.)

Bernard - Voilà… voilà… je sors…

Papy - Ah… quand même… il était temps… je n'aurais pas hésité vous savez.

Bernard - Je sais Papy… Moi aussi, je commence à vous connaître.

Papy - Bon... Alors, maintenant, voulez-vous expliquer à votre femme, *(A Raymond.)* Allez sécher ma fille vous... Ça ne vous regarde pas tout ça...

Raymond *(sortant)* - Oui Papy...

Papy - Expliquez à ma petite fille qu'elle se trompe, parce que moi, je ne vous ai jamais entendu dire que vous l'aviez trompée!

Michèle - Ah bon... Alors "pas vraiment"... Qu'est-ce que ça veut dire?

Papy - C'est pourtant facile à comprendre... Ça m'étonne qu'une fille aussi intelligente que toi... bon... alors, je t'explique...

Michèle - Tu me feras plaisir...

Papy - Quand on dit "pas vraiment", c'est très clair... Ça veut dire...

Michèle - Ça veut dire quoi?

Papy - Ah, une seconde tu veux... C'est pas si facile à expliquer... C'est même pas facile du tout... C'est... c'est même impossible. Expliquez-vous Bernard. Vous avez trompé Michèle, vraiment, pas vraiment, ou vraiment pas???

Bernard - Oui Papy... je l'ai trompée une fois...

Michèle *(à Papy)* - Ah... tu vois...

Bernard - Mais ça remonte à dix-huit ans.

Papy - Oh... mais alors il y a prescription... Embrassez-vous!

Michèle - Mais c'est encore pire Papy!! Ça fait dix-huit ans qu'il me ment...

Bernard - Mais non... je ne t'ai pas menti, je t'ai caché une histoire sans importance... c'est tout...

109

MICHÈLE - Sans importance ! Alors que nous venions juste d'avoir un enfant !! Moi je trouve ça monstrueux !! Hein Papy ?

PAPY - Ah oui… Alors là… mon petit Bernard, je vous trouve vraiment… enfin… pas vraiment… Mais un petit peu quand même.

BERNARD - Mais c'était de sa faute Papy.

MICHÈLE - De ma faute ?

BERNARD - Mais oui… Après ton accouchement tu m'as repoussé pendant des mois.

PAPY - Pendant des mois !!!

BERNARD - Mais oui… je ne pouvais plus la toucher, à peine lui parler… elle ne me voyait plus… il n'y en avait que pour Annie… Tiens… un jour, je me souviens très bien… On était assis côte à côte, on regardait la télé, toi tu avais Annie sur tes genoux. Le téléphone a sonné, c'était ta mère. Tu lui as répondu "j'en parlerai à Bernard quand il sera là, il n'est pas encore rentré… " Alors, le jour où je me suis fait aborder par une charmante jeune femme, qui elle me voyait bien… il faut dire Papy, qu'elle faisait profession de ses charmes, et bien, je n'ai pas résisté… C'est tout. C'est pas un crime tout de même…

PAPY - Mais non… C'est onéreux, c'est tout. Et puis il faut toujours encourager l'artisanat… Allez Michèle… embrasse ton mari…

MICHÈLE - Mais Papy…

BERNARD - Tu sais Michèle… Ce jour-là en serrant cette fille dans mes bras, j'ai fermé les yeux… Je cherchais ton image… C'est toi que je voulais et personne d'autre… Et quand elle m'a vu pleurer…

MICHÈLE - Tu as pleuré ?

BERNARD - Oui…

MICHÈLE - Tu as vraiment pleuré ?

BERNARD - Mais oui… Pourquoi me regarde-tu comme ça !

MICHÈLE - Mais… Parce que… moi, je ne t'ai jamais vu pleurer… alors de savoir qu'une autre t'a vu… Oh Bernard… *(Elle tombe en pleurant dans ses bras…)*

PAPY - Et voilà… Ça recommence… Comme sa mère… Mais qu'est-ce qu'elles ont toutes !!!

BERNARD - Michèle… ma Michèle… Excusez-nous Papy… mais.

PAPY - Mais oui, mais oui… Allez la faire sécher…

BERNARD - Viens ma Michèle…

(Il entraîne Michèle vers la chambre… au même moment la porte de l'autre chambre s'ouvre. Entre Franck en sortie de bain.)

PAPY - Oh… c'est la mi-temps. Bravo mon petit Franck… je sais déjà qui va gagner le match…

FRANCK - C'est grâce à votre méthode Papy.

PAPY - Un peu… Mais elle ne vaut rien si elle n'est pas bien appliquée… Encore bravo ! *(Le téléphone sonne.)* Michèle ! Téléphone. *(Michèle entre avec un mouchoir et en s'essuyant les yeux.)* Encore des larmes… mais c'est pas possible.

MICHÈLE - Ce sont des larmes de joie Papy… et c'est grâce à toi… *(Elle décroche.)* Allô… Oh… c'est toi grand-mère ?

PAPY - Ah non… je ne suis pas là… tu entends… je ne suis pas là.

MICHÈLE *(qui a mis la main sur le combiné)* - D'accord… Maman. Viens vite c'est grand-mère !!

(Denise entre avec aussi un mouchoir)

PAPY - Toi aussi tu pleures encore ?

DENISE - Pleurer, moi, tu veux rire. *(Elle prend l'appareil.)*

PAPY - Je ne suis pas là, tu entends.

DENISE - Ça va… j'ai compris. Allô Maman… oui, ça va bien, et toi ?… Ah… mais quand ? Mais ne t'inquiète pas comme ça voyons… tu connais Papa, il va certainement t'appeler dans la soirée… Mais bien sûr. Qu'est-ce qui s'est passé ?… Mais ne pleure pas Maman… je suis sûre que ça va s'arranger… Maman, voyons… *(Elle met la main sur l'écouteur.)* Elle ne peut pas parler tellement elle pleure…

PAPY - C'est du cinéma tout ça !…

DENISE - Mais elle me dit qu'elle serait moins inquiète si au moins elle savait où tu es…

PAPY - Bon, eh ben dis-lui que je suis chez vous, mais que je ne suis pas encore rentré… comme ça elle nous fichera la paix.

DENISE - Maman… ne pleure plus… Papa est là… Oui, il ne voulait pas que je te le dise mais maintenant il veut bien…

PAPY - Oh, quelle idiote !!!

DENISE - Papa, je suis désolée, mais il faut que tu lui parles.

PAPY - NON, NON ET NON !!!…

RAYMOND - Papy, ce n'est quand même pas vous qui allez me gâcher cette magnifique journée…

MICHÈLE - Papy !…

DENISE - Papa !…

TOUS - PAPY!!!

PAPY - Mais je n'ai rien à lui dire… Et en plus devant vous tous, de quoi j'aurais l'air…

MICHÈLE - Eh bien, va dans la chambre, on va te passer la ligne.

RAYMOND - Mais oui, vous serez plus tranquille pour lui dire que vous n'avez rien à lui dire…

PAPY *(il se dirige vers la chambre)* - Bon, très bien, j'y vais… Mais ça risque d'être long, parce que quand elle chiale comme ça…

DENISE - Ne pleure plus Maman. Papa va te parler…

PAPY - Et après, vous me jurez que nous partons enfin dîner ?

RAYMOND - Mais oui… c'est juré. Allez vite…

PAPY - Excusez-moi… Mais je suis le seul ici qui ne s'était pas encore enfermé. *(Et il referme la porte de la chambre. Denise attend quelques secondes… puis raccroche.)* Pauvre Maman. Elle m'a dit qu'elle avait mis son couvert, mais qu'elle ne pouvait pas supporter l'idée qu'elle allait dîner toute seule…

MICHÈLE - Pourvu que ça s'arrange…

DENISE - Tu connais ton grand-père : têtu comme il est…

RAYMOND - Le principal, c'est qu'il ait accepté de lui parler…

BERNARD - On n'a plus qu'à s'asseoir et attendre.

DENISE - Oui… parce que c'est parti pour durer un moment…

(Mais voilà que la porte de la chambre s'ouvre et Papy en sort.)

PAPY - ET VOILA !… C'EST REGLE !…

DENISE - Papa… tu n'as pas…

Papy *(furieux)* - Tu n'as pas quoi ?... TU SAIS CE QU'ELLE M'A DIT ???... TU SAIS CE QU'ELLE M'A DIT ???

Denise - Calme-toi Papa ! Qu'est-ce qu'elle t'a dit ?

Papy - Que j'avais encore un train dans une demi-heure, et que j'avais intérêt à être dedans. Voilà ce qu'elle m'a dit, alors terminé... TERMINE... *(Il regarde sa montre.)* Bon... et bien faudrait pas que je traîne si je veux pas le rater...

> *(Annie sort de sa chambre en peignoir de bain, comme Franck.)*

Papy - Ah... te voilà, toi... tu sais... je ne serais pas parti sans t'embrasser...

Annie - Papy... Si tu savais...

Papy - Mais je sais mon lapin... je sais... tu aimes ton mari... C'est ça... hein ?

Annie - Je l'adore Papy... Et toi aussi je t'adore...

Papy - Oui... mais c'est pas pareil...

Annie - Et tu sais ce que nous avons décidé tous les deux ?

Papy - Non...

Annie - Nous allons venir passer huit jours chez toi, pour finir notre voyage de noces... Hein Franck ?

Franck - Absolument...

Papy - C'est vrai ?

Annie - Mais bien sûr, c'est vrai... Je n'ai qu'une parole moi...

Papy - Non... Je veux dire... Vous en avez vraiment envie... Ce n'est pas uniquement pour me faire plaisir ?

FRANCK - Je vais vous dire quelque chose Papy. Si Annie m'avait proposé ça hier, je n'aurais peut-être pas été très chaud, mais maintenant que je vous connais, je sais déjà que je vais trouver ces huit jours trop courts...

(Annie embrasse Franck.)

PAPY *(ému)* - Oh mes enfants... Oh mes enfants... Si vous saviez la joie que vous me faites... Denise... Michèle... Raymond... Vous avez entendu... Ils vont venir à la maison!!!

MICHÈLE - Mais nous aussi nous allons venir... Hein Bernard?

BERNARD - Mais je pense bien...

DENISE ET RAYMOND *(ensemble)* - Mais nous aussi hein Raymond? Denise?

PAPY *(il est au bord des larmes)* - Oh... Mes enfants...

ANNIE - Papy! Qu'est-ce que tu as?

PAPY *(se mouchant)* - Ce n'est rien... Faites pas attention...

DENISE - Mais tu pleures Papa?

PAPY *(furieux)* - Mais non... Qu'est-ce que tu racontes! Je n'ai jamais pleuré de ma vie, je ne vais pas m'y mettre aujourd'hui. Je suis un peu ému... c'est tout... A cause de ta mère, tu comprends!

DENISE - Maman?

PAPY - Mais oui... Tu la connais... sensible comme elle est... Quand elle va savoir que vous avez tous envie de venir... ça va lui faire un choc... parce que... maintenant... je peux bien vous le dire... vous nous manquez... si vous saviez comme vous nous manquez... *(Grand silence.)* Oh bien sûr... on sait que vous nous aimez... que vous pensez souvent à nous... mais nous deux... là-bas... on ne pense qu'à vous... on ne parle que de vous... Le soir, quand on regarde la

115

télé, on se dit : "Tiens… peut-être qu'ils regardent la même émission que nous… Si je ne la retenais pas ta mère… c'est tous les soirs, qu'elle vous téléphonerait pour savoir si vous regardez bien la même chose que nous… C'est un prétexte tu comprends ! C'est surtout pour vous entendre… entendre le bruit que ça fait une famille rassemblée. J'ai un mal fou à l'en empêcher, alors elle me traite de vieux radin… Elle croit que c'est pour éviter une grosse facture de téléphone que je ne veux pas… Alors que moi… c'est juste pour ne pas vous déranger… parce que… moi aussi j'ai envie d'entendre le bruit que ça fait !… Alors, quand on monte se coucher… on continue à parler de vous. Ta mère échafaude des projets… le jour où tu lui as écrit que la petite *(il désigne Annie)* adorait jouer au tennis… et bien… elle a décidé d'en faire installer un derrière la maison à la place du potager. J'ai accepté… autrement elle m'aurait encore traité de radin… elle disait : "Quand la petite saura qu'on a un tennis… elle aura moins peur de s'ennuyer chez nous… " C'est vrai… Hein Annie… avec un tennis…

ANNIE - Non… Papy… je t'assure que je n'ai pas besoin de tennis…

PAPY - Eh bien, je le ferai quand même… parce que moi… j'ai envie d'apprendre… Tu m'apprendras ?

ANNIE - Oui Papy… tous les jours…

PAPY - Faudra jouer aussi avec Franck, sinon, il va s'ennuyer ce gamin… Hein Franck ?

FRANCK - Oh moi, Papy, je joue surtout pour faire plaisir à Annie… Je préfère l'aviation…

PAPY - Ah ça va être plus difficile… Ah si… il y a encore le poulailler…

FRANCK - Je m'en passerai très bien Papy…

PAPY - Oh, mais j'y pense, il y a un club à 20 Km de chez nous !

RAYMOND - Un Club d'aviation? Ça m'intéresse...

DENISE - Sûrement pas!

PAPY - Franck, ça fait vint ans que ma femme rêve de faire un looping, en avion, vous pourriez lui faire ça?

FRANCK - Je veux bien Papy, mais vous ne croyez pas qu'elle va avoir peur?

PAPY - Mais non, ça fait cinquante ans qu'elle plane, elle est mûre pour loupigner. *(Il regarde Michèle, Bernard, Raymond et Denise.)* Et vous, tous les quatre, vous tapez toujours le carton... *(Il fait le geste de jouer aux cartes.)*

BERNARD, MICHÈLE, RAYMOND, DENISE - Toujours Papy...

RAYMOND - J'adore ça!

DENISE - Moi aussi, sauf quand tu triches...

RAYMOND - Je ne peux pas m'en empêcher!

PAPY - Avec ma femme vous aurez du mal... C'est une sacrée joueuse... J'arrangerai le petit salon... Ça fera une très belle salle de jeux... Ah! Ah! Ah... Mes enfants... Un tennis... Un Club de sport... Une salle de jeux... Il n'a plus qu'à bien se tenir le Club Méditerranée... *(Le téléphone sonne.)* Ça, c'est TRIGANO qui s'inquiète déjà!

(Bernard décroche le téléphone.)

BERNARD - Allô, oui... c'est moi... Comment!!! Mais c'est pas, vrai, c'est pas possible...

TOUT LE MONDE - Qu'est-ce qui se passe?

BERNARD - C'est ma mère. Mais enfin Maman... réfléchis... A ton âge... mais Maman... tu as passé plus de la moitié de ta vie avec Papa… elle s'est enfermée ! Qu'est -ce que je peux faire ?

PAPY - Faut la défoncer AAAH…

(Il s'écroule en hurlant de rire sur le canapé, pendant que Bernard qui devient fou, traverse le plateau… poursuivi par toute la famille qui essaye de le calmer. Papy reste seul… Rideau, Musique…)

Fin

AVIS IMPORTANT

Cette pièce de théâtre fait partie du répertoire de la Société des Auteurs et Compositeurs Dramatiques, 11 bis rue Ballu 75442 PARIS Cedex 09. Tél. : 01 40 23 44 44. Elle ne peut donc être jouée sans l'autorisation de cette société.

Nous conseillons d'en faire la demande avant de commencer les répétitions.

1er trimestre 2005
Première édition, dépôt légal : mars 2002
N° d'édition : 016702
ISBN : 2-84422-265-X